共感とロジックで
合意を生み出す
コミュニケーションの
技術

気持ちよく
人を動かす

TORiX株式会社 代表取締役
高橋浩一

CROSSMEDIA PUBLISHING

はじめに

動いてもらえなかったプレゼンテーション

私が新卒で入社したのは戦略コンサルティングの会社でした。

入社の半年前には、自宅に大きな段ボール箱が送られてきました。普通の郵便物にしては重たいその箱を開けると、「ロジカルシンキング」「問題解決」をはじめとして、経営学や組織論に関する分厚い本が何冊も入っていました。

入社前からそんな本を送ってくるということは、仕事の中でもこういった理論や考え方が求められるのだろうと私は思いました。戦略コンサルティングの一番の武器はロジックなのだと。

しかし、入社した私を待ち受けていた現実は、そのイメージを裏切るものでした。


「ロジックだけでは人は動かない」

一緒に仕事をした先輩や上司は、口々に言っていました。「いくら理屈で正しいことを言っても、相手がこちらの思う通りに動いてくれるとは限らない」と。

今、振り返ってみて、最初の会社で学んだ一番大切なメッセージはそれだったと確信します。


私がコンサルタントとしてひと通りの仕事を覚えるまでのあいだに、こんなことがありました。

ある会社の業務改革プロジェクトメンバーだった私が、最終報告の重要なパートを初めて任せてもらえることになったときのことです。

私は張り切り、ギリギリまで睡眠時間を削って仕事に没頭し、「何が問題か」「どうすれば会社がよくなるのか」をとことんまで考え尽くしました。上司とも毎日議論を重ね、「これをやれば絶対に会社がよくなるはず」という自信を持ってプレゼンに臨みました。

いざ最終報告。プレゼンの核心にさしかかったところで、私がここぞとばかりに「御社の課題として最も深刻なのは……」と力強く言葉を発した瞬間です。

いきなり、バインダーが宙を舞いました。

私に飛んできたわけではなく、「バサッ」と壁に当たって落ちたのですが、予想外のことにびっくりした私は、一瞬固まってしまいました。

頭の中が真っ白になりかけた私は、バインダーを投げた人物の名刺に視線を移しました。それを投げつけたのは、ちょうどその課題の領域を担当していた取締役でした。当時、会社の中でもいちばん大変で、火中の栗を拾うような仕事に、骨身を惜しまず取り組まれてきたのがその方だったのです。それを若いコンサルタントが、バッサリと一方的に否定してきたので、怒り心頭だったのでしょう。

私は、その方の心中を想像し、配慮が足りなかった反省の念もありつつ、「でも、いきなりバインダーを投げなくても……」という思いもあり、モヤモヤッとしました。

結局どうプレゼンすればよかったのか、当時の私にはイメージがつきませんでした。その後は、上の空になりかけながらも、平静を装ってメモをとるのがやっとの状態です。

幸い、上司であるマネジャーがうまくフォローしてくれて、なんとか最終報告の場は収りました。

ロジックと共感のバランスに悩む日々

最終報告での失敗体験は、大きな学びを与えてくれました。

私は家に帰ると、うまくいかなかったプレゼンを振り返り、じっと思いを巡らせました。そのときにようやく、先輩や上司が言っていた「ロジックだけでは人は動かない」という言葉が、ずっしりと重みを持って感じられたのです。

多くの関係者と一緒に仕事を進めていくには、みんなにとって共通の足場となるロジックは欠かせません。ロジックは強力な武器です。

しかし、問題は**「ロジックをどう使うか」**と**「相手との共感をどう築くか」**です。理屈のうえでは正しい結論でも、相手の共感が得られなければ、人は動いてくれません。共感を伴った合意があってこそ、人は気持ちよく動いてくれるのです。

気持ちよく人に動いてもらうにはどうしたらよいのか、私は時間さえあれば考えるようになりました。しかし、なかなか正解は見つかりませんでした。

それから何年か経ち、私は先輩・友人と3人で起業しました。創業直後は、初期顧客の開拓、仲間集め、協力者探し……とにかく朝から晩まで駆けずり回る毎日です。

特に営業を担当していた私は、お客様からの受注がなかなかいただけずに苦戦を続けていました。

当時は、ロジカルな構成を意識しながら、「突っ込まれないように」「反論されないように」ストーリーを入念に工夫して提案書をつくっていました。さらに、ロジックだけでなく、共感をいただけるよう、お客様のことをインターネットで調べ尽くし、「御社のために」という想いを提案書の隅々に盛り込みました。

気がつくと、資料はいつも相当なページ数になっていました。私は、資料の厚さは熱意の表れだと考え、100ページを超える提案書をまくしたてるようにプレゼンし、「いかがでしょうか？」と迫るのが常でした。

しかし、どんなに頑張って提案しても、お客様の「検討してご連絡します」という一言で、いつもあっさりと保留されてしまうのです。

お客様のことをとことん考えているはずなのに、なぜこんなにも相手に通じないのか？毎日、明け方まで資料を作成する中で、私は思うようにいかない現実に打ちのめされそうでした。

予期せず盛り上がったディスカッション

そんなあるとき、何件ものアポイントで立て込んだ日がありました。私はすべての提案資料をきちんとつくり込むことができないまま、準備は時間切れになってしまいました。その日のある商談では、苦し紛れに**1枚の簡単な「ディスカッション資料」**を持って、お客様との打ち合わせに臨みました。

従来は、大半の時間こちらがプレゼンをし、最後にお客様から質問や意見をいただいていました。しかしその日は、1枚分説明したらもう終わりです。私は内心「これだと間が持たない。それに、準備不足のところを突っ込まれたらどうしよう……」と、不安でしかたがありませんでした。

ところが、私の予想に反して、その日の商談は大いに盛り上がりました。お客様が、かつてないほどいろいろな意見を言ってくれたのです。こんなに活発な商談は体験したことがありませんでした。質問もたくさんいただきましたが、よりよい提案をつくるためにはどれも欠かせないものでした。

それまで、私は商談中に疑問や反論を出されるのが怖かったので、あらかじめ質問がきそうなところは先に回答をつくって、聞かれる前に説明するスタイルでした。

もしかすると、たくさんの資料をつくってプレゼンしていたのは逆効果だったのかもしれない。この日の体験からそう考えた私は、提案のやり方をガラリと見直しました。**提案資料から表紙すらも外し、大事なエッセンスだけをまとめた1〜3枚のスライドをもとに、お客様から意見をいただきつつ、両者で一緒に議論するスタイルに切り替えた**のです。いままで用意していた分厚い資料は「参考資料」としておき、いきなりは説明せず、必要に応じて見せるようにしました。

すると今度は、参考資料の中でも、会話の自然な流れに乗って紹介するスライドと、まったく使用しないスライドがあることに気づきました。むしろ使用しないスライドのほうが多いくらいでした。

そこでようやく、**「それまでの自分はお客様にとって興味のないことを一方的に話し続けていた」**という事実に気がついたのです。

「共に創る」からこそ熱量が上がる

その気づきをきっかけに、資料の構成やスライド1枚1枚の中身が変わっていきました。

これまでは、私がひとりで考えたスライドばかりで提案書が構成されていました。

新しいやり方に切り替えてからは、**お客様と一緒に議論してつくったスライドの割合が大きく増えた**のです。数回の打ち合わせを経て資料の完成度が上がってくると、「正式に会社の稟議にかけたいので、体裁を整えてお見積もりを付けていただけませんか」と言われることが増えました。

頑張って提案しても「検討します」のひと言で保留されることにずっと悩んでいたのに、お客様のほうから積極的に「稟議にかけたい」と言われるようになったのです。**「私が提**

案し、相手にジャッジされる」構造だった商談が「両者がディスカッションしながら、共に企画書をつくり上げる」という構造に変わっていくのを感じました。

商談の受注率は劇的に上がりました。お客様の熱量も手応えも、従来に比べて段違いです。提案を保留されることが減り、ほかの会社と比較されても、私の提案を選んでいただけるようになり、コンペでも連戦連勝が続きました。

これまでつくっていた、どこを突っ込まれても大丈夫な資料は、一見すると「隙がない」かもしれません。しかし、お客様と一緒につくり上げた企画書は、情報量もロジックも完璧ではないかもしれませんが、相手の気持ちがドッカリ乗っかっています。だから、お客様は自分から喜んで動いてくれるのです。

私は、このやり方はお客様への提案のみならず、社内への協力依頼やさまざまな交渉事にも役に立つのではないだろうか？　と考えました。手始めに、経営者としての社内コミュニケーションのやり方を変えてみました。

以前は、私が考えている方針を、まとまった資料にして、いきなりみんなへ説明していました。思いを込めて、自分で熟考した時間が長ければ、その分だけ資料は厚みを増していきます。しかし、分厚い資料に対するメンバーの反応は芳しくありませんでした。伝わったのか伝わっていないのかがよくわからないまま、結局、メンバーがついてこないので「なぜあんなに説明したのにわからないんだ」と思い悩むことがよくありました。今になって思えば、メンバーはメンバーで、一方的に熱く語られ、「(理屈はわかるけど)高橋さん空回りしているなあ」と感じていたことでしょう。

気づきを得てからの私は、何か社内の課題を解決したいときには、ホワイトボードを使って一緒にディスカッションし、みんなでそれを見ながら考えを深めていくスタイルに切り替えました。私自身がまとまった資料をつくるより、全員で話したホワイトボードを共有するほうが、明らかに納得感は上がりました。

社外との交渉事においても、きれいに整った資料をお互いが持ち寄って議論するより、ラフな資料を一緒につくりながら話していくことによって、検討がスムーズに進むようになりました。一見するとスライドもメモもぐちゃぐちゃっと汚くなりますが、**その「汚い資料」や「走り書きのようなメモ」をもとに同じ場に居合わせてつくった事実が、気持ち**

のよい合意につながるということを何度も体験しました。

長い間ずっと越えられずに悩んでいた「壁」は、いつの間にか消え去りました。仕事に対する私の捉え方も、自分が考えたロジックを理解してもらうのではなく、人と一緒に考え、互いの力を引き出しながら共に未来をつくるという、可能性に満ちたワクワクするものに変わってきたのです。

本書で扱う「人を動かす5つの場面」

『モチベーション3・0』などで有名なビジネス作家のダニエル・ピンク氏によると、人は仕事時間の約4割以上を「誰かに動いてもらうための活動」に充てているそうです。

「よい解決策があるのに、相手が動いてくれない」という悩みは、ビジネスの場面だけではなく、プライベートでも多くあります。相手に気持ちよく動いてもらう力が身につくことで、あなたの生活やビジネスは大きく変わるのです。

長い葛藤の末に壁を乗り越えた経験から、**「共に創るディスカッション」によって人は気持ちよく動いてくれる**と私は確信しています。

工夫と改善を重ねてきたエッセンスを余すことなくお伝えしたいと思い筆を取りましたが、本文に入る前に、「人を動かす場面」として本書で取り扱うものをご説明します。

1. **上司や社内の承認を得る**：多くのビジネスパーソンにとって身近なのはこれでしょう。企画内容やアイデアに対してOKをもらう場面です。

2. **社内外に協力を依頼する**：単純に承認をもらうだけではなく、こちらがお願いしたいことをやってもらう場面です。

3. **メンバーを指導する**：一定の経験を重ねると、後輩指導やチームマネジメントが求められる場面が増えます。これは自分より年下の相手だけではなく、年上のメンバーに対する働きかけも含みます。

4. **社内外の相手と交渉する**：社内の他部署や社外の取引先とのあいだで、交渉条件に合意をしてもらう場面です。相手が個人の場合もあれば組織の場合もあります。

5. **お客様に提案する**：営業として自社の商品やサービスを買ってもらう場面です。いわゆる従来型の営業職（フィールドセールス）だけでなく、最近ではインサイドセールスやカスタマーサクセスといった職種も増えてきています。

これら5つの場面では、いずれも相手とのあいだで「共に創る」ことが鍵となります。どんなによい解決策やアイデアがあっても、正論だけでは人は動いてくれません。

本書では、**「なぜ正論だけでは人が動かないのか」「どうしたら気持ちのよい合意ができ、人が動いてくれるのか」**という問題意識に焦点を当てて、あなたと一緒に考えを深めていきたいと思います。

c o n t e n t s

3章 スキル① 想定する力 091

4章 スキル② 段取りする力 115

1章

どうしたら動いてくれるのか？

なぜ、正論だけでは人が動かないのか

■「絶対にこれをやるべきだ」は相手に響かない

たとえばこんなケースについて考えてみましょう。

「運動不足で体重が増えてしまった」と悩んでいる友人がいます。あなたは、自分が実際に試してうまくいった画期的なダイエット法を知っているとします。好きな食べ物や飲み物を我慢するつらさもなく、忙しい中でも実行でき、お金もそれほどかかりません。インターネットでいろいろと調べてみると、同様にうまくいった人も多く、怪しい方法というわけではありません。この方法は、科学的にも効果が証明されており、医師のうち多くの割合は、このダイエット法をやっているそうです。

あなたは、友人に喜んでもらいたいと思い、そのダイエット法の素晴らしさを伝えました。**こんなによい方法があるなら、絶対にやるべきだ**と思ったのです。しかし、友人は

「教えてくれてありがとう。ちょっと考えてみるよ」と言ったものの、そこまでよい反応ではありませんでした。結局、その方法については気が乗らなかったようです。

このダイエット法なら必ず友人の悩みを救える。こういう確信があったら、あなたはよかれという思いから、友人に対しておすすめするでしょう。しかし、この類いの提案に対して、必ずしもよいリアクションが返ってくるとは限りません。「よい方法を教えてくれてありがとう。ちょっと考えてみるよ」くらいの反応であれば、おそらくこの提案は実行されないだろうなと、あなたは感じるでしょう。相手のためを思って提案したにもかかわらず、想定したように響かないと、伝えた側としてはモヤモヤします。

「よい解決策を提案しても、なかなか動いてくれない」は、この例に限らず、ビジネスシーンでもよくあることです。これは、いったいどういうことなのでしょうか。

▒「よい解決策」を一方的にプッシュしていないか

人が行動を変えたがらないことについては、心理学用語の「現状維持バイアス」という言葉でよく説明されます。

行動を変えることに対する心の抵抗はとても強力です。**一見してよさそうな解決策でも、実行するにはそれなりの（金銭的、精神的、時間的な）コストがかかります。現状維持バイアスを突破できるだけの費用対効果を訴求するのは、そう簡単なことではありません。**

現状維持にこだわる人へ働きかけるとき、多くの人が選びがちなアプローチは、「よい解決策をプッシュする」というものです。本章冒頭のダイエット法の例で言えば、次のようなやり方です。

○**権威を持ち出す**：「有名な医師が太鼓判を押しているよ」
○**同調する材料を出す**：「みんなこのやり方で成功しているよ」
○**利点を強調する**：「お金もかからないし、忙しくてもできるよ」
○**にんじんをぶら下げる**：「いま申し込むとキャンペーンでお得だよ」
○**不安を煽る**：「大人気だから、申し込める人数が限られているらしいよ」
○**強制する**：「とりあえず、だまされたと思ってやろうよ」

あなたの周りを見てみると、ビジネスシーンでもこのように「よい解決策」を一方的に押しつけるアプローチは多くあふれているのではないでしょうか。

企業が行うマーケティング活動、営業担当のセールストーク、メンバーに対するマネジャーの指導、社内に対する協力の依頼、会社と会社の交渉……。**人を動かす場面において、「これをやるべきだ」「これをやってほしい」というメッセージは一日中飛び交っています。**

しかし、強引に押し切ってその場は動いてもらえたとしても、それが「気持ちのよい合意」でなければ、なんらかの反作用が返ってきます。人間関係がぎくしゃくしてしまったり、相手の不満につながったりするのは避けたいところです。

では、人に気持ちよく動いてもらうためには、いったい何が必要なのでしょうか。

「競争」よりも「共創」で人は動く

▒結論の「正しさ」を競ってはいけない

よい解決策をプッシュする人は、無意識のうちに、自らの結論の「正しさ」を相手に納得させようとしがちです。しかし、これには注意が必要です。なぜかというと、正しさを相手と競うモードになることで、次のような落とし穴に陥りやすいからです。

落とし穴（1）　相手の抵抗を誘発してしまう

「正しい」の反対は「間違っている」です。意見が異なる相手に説得や提案をする際に、自分の正しさを伝えようとするのは、裏を返すと、「相手が間違っている」というメッセージになりかねません。すると、その提案を受けることは、相手にとって「自らの間違いを認める」ことと結びつきやすいのです。

当然ながら、人は自分が間違っていると認めるのには抵抗があります。ですから、なんだかんだと理由をつけて、保留をしたり、はぐらかしたりという反応になります。

落とし穴（２）　隙のない準備が議論を殺してしまう

もちろん、初歩的なロジックの不備やリサーチ不足は、よいことではありません。お互いの貴重な時間を使っているわけですから、「筋の通ったストーリーと、根拠となる情報」が必要なのは言うまでもないことです。

しかし、反論や突っ込みを恐れるあまり準備が過剰になると、情報が膨らみ、本質的なポイントが隠れてしまいます。かえって言いたいことが伝わりにくくなるのです。

また、相手からの疑問や反論をなるべく受け付けないように進めると、コミュニケーションが一方向になり、相手の発言機会も失われてしまいます。

落とし穴（３）　正しさで勝てないほうの心が折れてしまう

人は、相手を「正しさ」で上回るのが難しいとき、とりあえず考えるのをやめて、そのまま従う方向に流れがちです。すなわち、心が折れて思考停止した状態です。

たとえば、上司を説得しようとしたら逆に論破された部下が、「あの人には言っても無駄だ」と思い込み、現場からの提案や情報共有をしなくなったら、どんなことが起こるでしょうか。上司の考えに反する情報は報告されず、埋もれることになります。波風を立てないことの優先順位が過度に上がった組織では、誰しも働きづらいでしょう。

正しさを競ってしまうと、人と人の関係だけでなく、組織の雰囲気も悪化します。

■疑問や反論を活かして結論を「進化」させる

正しさを競う世界では、疑問や反論を「よくないもの」だと捉えがちです。もちろん、意に沿わない突っ込みが入るのを避けたいのは自然な感情です。でも、相手から疑問や反論が起こるのは本当に悪いことなのでしょうか。

そこでお伝えしたいのが、**「悪魔の代弁者」**という言葉です。これは、ディベートや議論において、多数派の意見にあえて批判や反論をする役割のことです。

この語源は、かつてカトリック教会で設けられていた役職からきています。カトリック教会では、亡くなった人物を聖人（公式に敬われる人物）として認定するか否かを協議するとき、安易に聖人認定されないよう、誰かが「悪魔の代弁者」として、故人を可能な限り非難する慣習がありました。それらの非難があってもなお、偉大な人物であることが示されれば、聖人として認められる仕組みになっていたのです。

イギリスの政治哲学者ジョン・スチュアート・ミルは、著書『自由論』において、この「悪魔の代弁者」という言葉を使い、反論の大切さを強調しています。

〝意見の違いがありうる問題の場合、真理は、対立し衝突し合う二つの意見をあれこれ考え合わせることによってもたらされる。

（中略）

古代の偉大な雄弁家キケロが残した記録によれば、彼はつねに論敵の主張を、自分の主張以上にとはいえないまでも、それと同じくらい熱心に研究したのだそうだ。

（中略）

どのような重要な真理についても、それに反論する者が存在しない場合には、あえて反対論者を想定し、もっとも巧妙な悪魔の代弁者が言い立てそうな最強の反論をぜひとも想像してみなければならない。〟

（光文社古典新訳文庫『自由論』より引用）

先人の知恵を活かすなら、**疑問や反論は、結論の質を高めてくれるチャンスでもあると**言えます。

たとえば、社内で上司が部下を指導する際に、「仕事を納期通りに出してきたことがない。小さな約束を守らないやつはダメだ」と頭ごなしに叱っても、行動が改善されないことがあります。

そんなとき、部下の言い分（反論）にあえて耳を傾けてみると、どんなことが起こるでしょうか。

もしかしたら、納期に対する部下の認識が上司とずれていたことがわかるかもしれません。また、上司と部下とのあいだで、前提とする経験の違いが浮き彫りになることもあるでしょう。

そこで、上司が「自分が正しい。相手（部下）が間違っている」と断じてしまうのではなく、相手がどう認識しているのかを知り、「ずれ」を解消することで、行動は改善されやすくなります。

もしかしたら、部下から「私は納期に遅れている感覚はなかったのですが……」という発言が出てくるかもしれません。それを単なる言い訳（正しくない行為）と決めて跳ね除けるのではなく、裏にある背景を理解するのです。

すると、最初は「納期を守るかどうか」という問題だったのが、「上司と部下のあいだにある感覚の違い」について踏み込んだ対話をする機会につながります。

この場を持つことで、「納期」以外にも、**日頃から感じていたずれについて認識を合わせることができれば、お互いの関係にとっても、部下のパフォーマンスにも、よい影響が起こるはず**です。

疑問や反論をむしろ歓迎するスタンスを取れば、それをきっかけとして、さらに結論を「よりよいもの」へと進化させられます。

■「競争」から「共創」へ

「疑問や反論を活かして結論を進化させる」について、さらに詳しく考えてみたいと思います。（相手と）「競い争うディスカッション」と「共に創るディスカッション」とを対比させて、図にしてみました（左図参照）。

まず、昔の私のスタイルでもあった「競い争うディスカッション」を4段階のステップで表現しています。

事前の準備段階においては、疑問や反論の余地なく、自説の正しさを伝える道筋を考えることになります。「競争」の世界観では、疑問や反論を受けるということは、自らの結論の正しさを損なう要因になるからです（1）。

そして、相手から突っ込まれないよう、一方向のコミュニケーションを段取りします。相手の発言時間がなるべく少なくなるようにし、こちらの説得材料を思う存分伝え、納得してもらうことを目指すわけです（2）。

しかし、答えきれない疑問や反論が相手から発せられると、シナリオが崩れてしまいま

「競争」と「共創」の違い

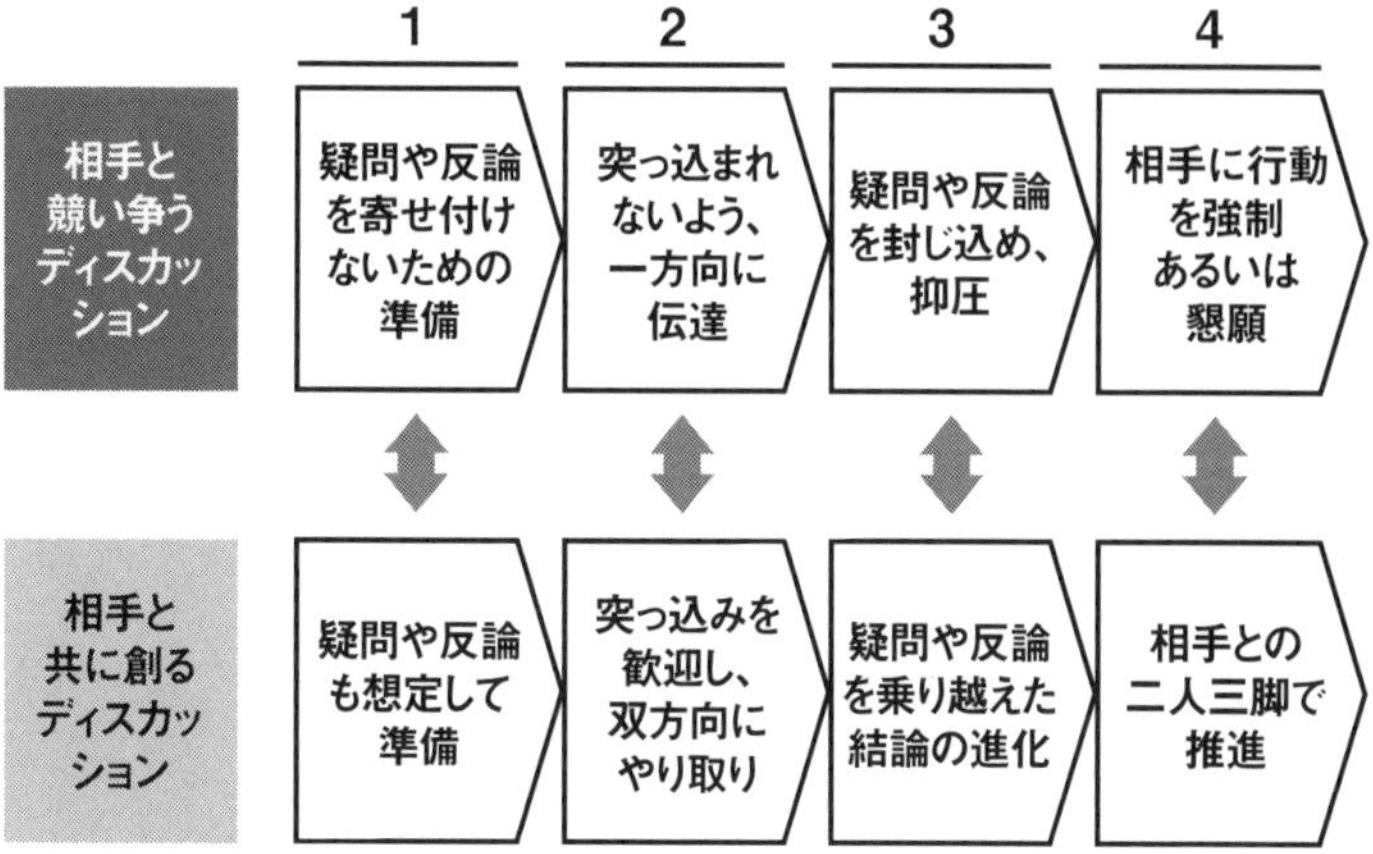
1
2
3
4
相手と競い争うディスカッション
疑問や反論を寄せ付けないための準備
突っ込まれないよう、一方向に伝達
疑問や反論を封じ込め、抑圧
相手に行動を強制あるいは懇願
相手と共に創るディスカッション
疑問や反論も想定して準備
突っ込みを歓迎し、双方向にやり取り
疑問や反論を乗り越えた結論の進化
相手との二人三脚で推進

す。したがって、疑問や反論は「封じ込めるべき対象」となります（3）。

そんなとき、「なんとかして相手に行動してもらわないといけない」と切羽詰まった場合はどうなるでしょうか。自分がある程度の権威や権力を持っていれば、「相手に行動を強制する」ことになるでしょう。あるいは、そこまでの力を持っていなければ、頭を下げて「そこをなんとか」とお願いすることになります（4）。

一方、「共に創るディスカッション」では、疑問や反論は「結論を進化させる材料」と捉えます。そこで、どのような場になるかをシミュレーションする準備段階においては、疑問や反論も想定したうえで、結果としてどう着地させるか考えます（1）。

そして、疑問や反論などの「突っ込み」を歓迎し、双方向のコミュニケーションを段取りします。具体的には、資料やアジェンダ、時間配分などを、「自分が一方的に話すのではなく、相手からの発言を受け入れることを前提に」組み立てるのです（2）。アジェンダとは、簡単に言うと「議題」「話す項目」のことです。

実際にやり取りが始まったら、疑問や反論を乗り越えて結論を進化させていくプロセスに入ります。何かしら、自分の結論に対してネガティブな材料があったとしても、その「壁」を乗り越えた先に、さらによい結論があるはずだと考えるのです（3）。

そして、壁（疑問や反論）を乗り越えた先に、一段深まった相手との関係性が生まれます。相手を巻き込むことによって、二人三脚で物事を進められ、自分ひとりではできなかったような大きなことにもチャレンジできます（4）。

このように、二つのディスカッションスタイルを対比してみると、**「正しさ」に縛られた世界観から抜け出ることが、相手と共創する未来を描くためのポイント**だと言えます。

■乗り越えるべき「壁」を理解する

疑問や反論に対して、シミュレーションしたうえで具体的に準備できれば、安心していられます。それは、「こういう突っ込みがあるかもしれない」と想定して、織り込み済みで考えるということです。

そのために、ここで乗り越えるべき「壁」のイメージをざっくりと持っておきましょう（それぞれの「壁」についての詳細は3章、乗り越え方は5〜8章で解説します）。

たとえば、クラウドを使ったサービスの導入を検討する総務部が、現場（他部署）の管理職にヒアリング協力を依頼する場面を思い浮かべてみましょう。総務部から現場へ依頼したいことは、下記のようなものだとします。

○業務のペーパーレス化を検討するにあたり、総務部のヒアリングに協力してほしい
○各部署から2人ずつ、1時間のヒアリングに対応可能な人を出してもらいたい

業務のペーパーレス化によるメリットは現場にもあるはずですが、一方で、管理職からすると「急に時間を取られることへの抵抗」や「ヒアリング対象者へ説明する面倒くささ」が発生します。そこで、このような疑問や反論が考えられます。

○「こちらも忙しいので、現場の事情も考えてほしい。これは役員の了承事項ですか?」（気を許していないので動きたくない➡**関係性の壁**）

○「本当に全部署へのヒアリングが必要ですか？　一部の部署でもよいのでは?」（状況がクリアになっていないので動きたくない➡**情報整理の壁**）

○「以前もこの類のヒアリングに協力したが、現場には結果も共有されず、意味があるのかと思った。今回も同様では?」（過去に嫌な思いをしたので動きたくない➡**思い込みの壁**）

○「ペーパー業務が非効率なことはもう明らかなので、忙しい現場の時間を使ってわざわざヒアリングする意味はないでしょう」（割に合わないので動きたくない➡**損得勘定の壁**）

こういった「壁」をものともせず、相手と一緒によりよい未来を切り拓くきっかけにするには、壁を乗り越えるための「引き出し」が必要になります。

気持ちよく動いてもらうための7つのスキル

ここで、本書の構成と「共に創るディスカッション」を支えるスキルについて、ポイントを示しておきます。

章立てとしては、2章で「共に創るディスカッション」の具体例をお見せしてから、7つのスキルを3〜9章にて順番に解説していきます。そして、最後の10章では、7つのスキルを実践していくうえでのアドバイスをお伝えします（39頁の図参照）。

それでは、「共に創るディスカッション」を支える7つのスキルを簡単にご紹介します。最初に出てくる2つは、「壁」を乗り越える準備に使うスキルです。

①想定する力（3章）

その場のゴール設定をしたうえで、発生しうる壁（疑問や反論）をできる限り洗い出し、どう対応していくかのシミュレーションをするスキルです。

②段取りする力（4章）

相手の発言を引き出して双方向に進めながら、場の目的を達成するために、資料やアジェンダの組み立てに落とし込むスキルです。

③〜⑥のスキルは、疑問や反論による「壁」を4種類に定義したうえで、それぞれ乗り越えるための具体的な解決策です。

③理解を深める力（5章）

「関係性の壁」があるとき、まずは相手を十分に理解することが、気持ちよく動いてもらうためのポイントになります。理解を通じて相手との関係を深めていくのがこのスキルです。

■ 7つのスキルと本書の構成

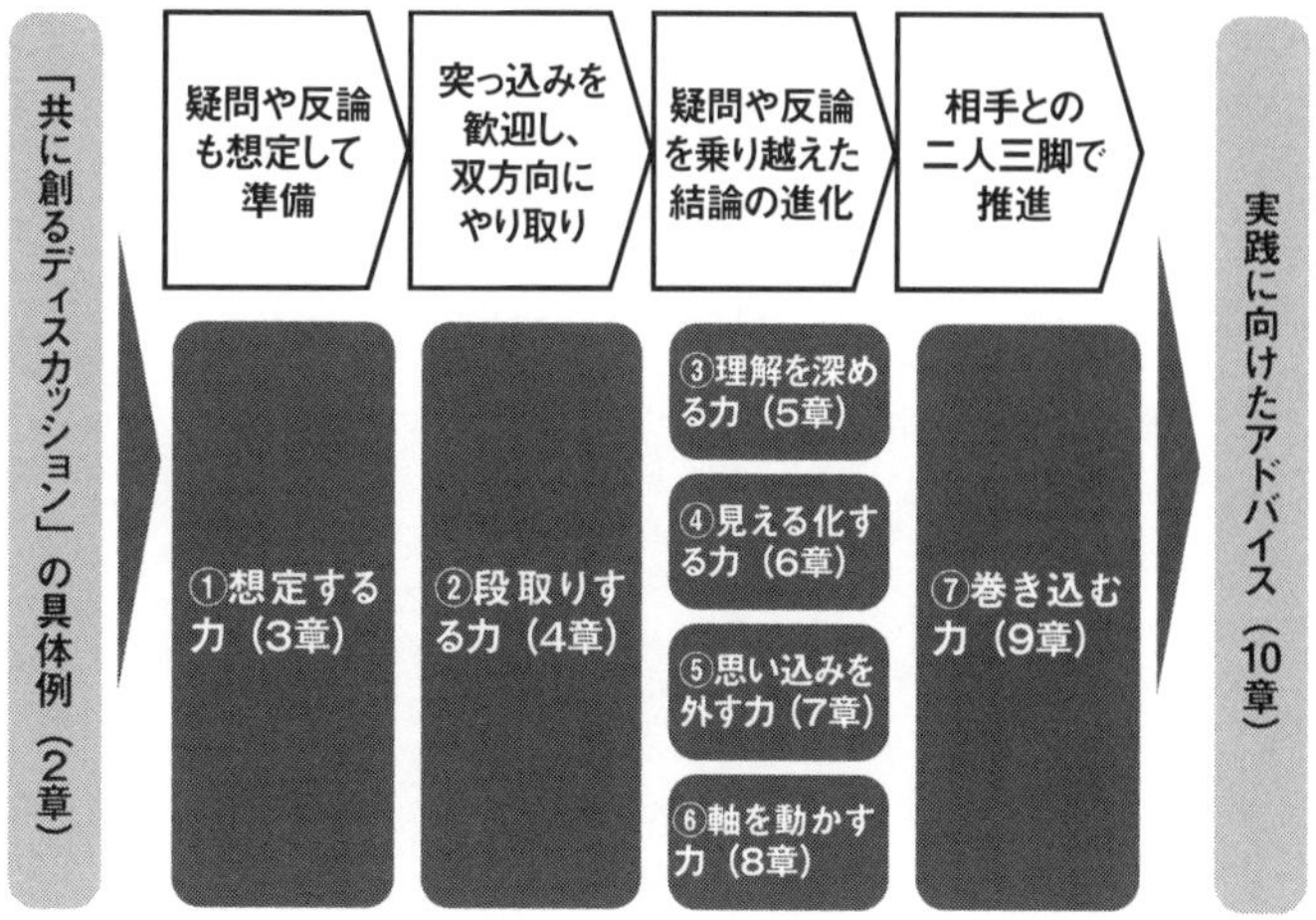
「共に創るディスカッション」の具体例（2章）
疑問や反論も想定して準備
突っ込みを歓迎し、双方向にやり取り
疑問や反論を乗り越えた結論の進化
相手との二人三脚で推進
①想定する力（3章）
②段取りする力（4章）
③理解を深める力（5章）
④見える化する力（6章）
⑤思い込みを外す力（7章）
⑥軸を動かす力（8章）
⑦巻き込む力（9章）
実践に向けたアドバイス（10章）

④見える化する力（6章）

状況がクリアになっていないとき、「情報整理の壁」が出てきます。その場に出ている情報をビジュアルで整理して相手と確認することで、場を前進させるスキルです。

⑤思い込みを外す力（7章）

先入観や固定観念による「思い込みの壁」があるとき、思い込みの原因を特定して、認知の枠組みを再定義（リフレーミング）するスキルです。

⑥軸を動かす力（8章）

相手が割に合わないと感じているのは「損得勘定の壁」です。選択肢を増やしたり、判断基準を問いかけたりすることによって、意思決定の軸を動かすのがこのスキルです。

⑦巻き込む力（9章）

概ね合意ができたら、熱量が落ちないよう、関係者全員にとって「自分ごと」にしていく必要があります。決めたアクションが着実に遂行されるまで、相手と一体になって推進していくスキルです。

それでは、次の2章で「『共に創るディスカッション』とはどういうものか」の具体例をお見せしたいと思います。

2章

共に創るディスカッション

人を動かすことが求められる5つの場面

「共に創るディスカッション」の具体例を本章でご紹介するにあたり、ビジネスで「人を動かす場面」にどのようなものがあるかを2つの軸で分類してみました（左図参照）。

横軸が**合意にかかる時間**です。これは、合意に必要な打ち合わせの回数や期間を指しています。合意にかかる時間が長いということは、コミュニケーションの際に摩擦や抵抗も起こりやすいということです。

そして縦軸は**フォーマル度**です。フォーマル度は、単に「会社の内か外か」のみならず、その場のコミュニケーションにどのぐらい気を使うかといった要素もあります。フォーマル度が高ければ、話す場を設定するハードルは高くなり、打ち合わせはかしこまった雰囲気になります。

■ 人を動かすことが求められる場面

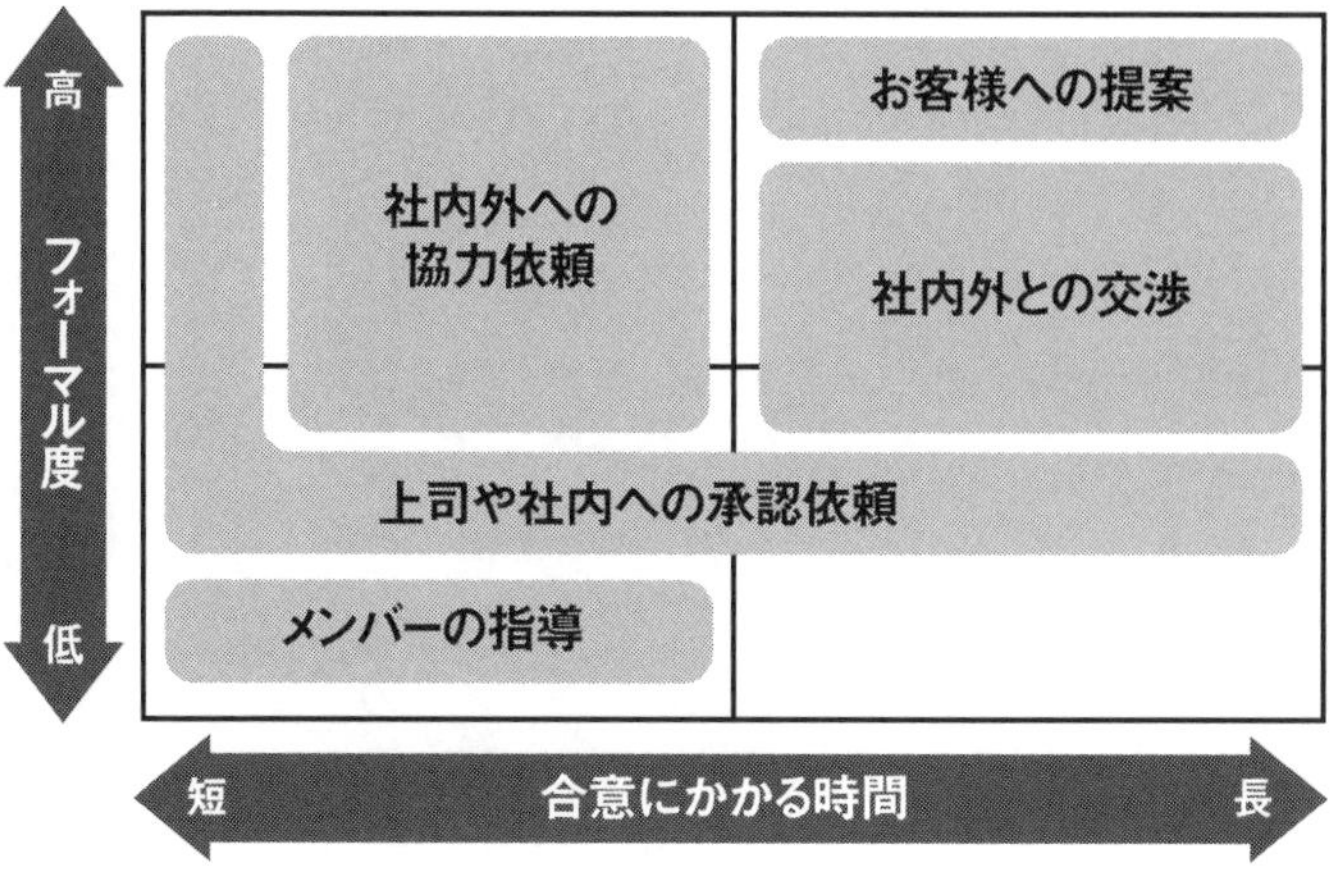

図の中にある5つの場面を簡単に定義しておきます。

一番右上が**「お客様への提案」**です。営業に関わる仕事をしている方は、人を動かす場面といえばこちらを思い浮かべるでしょう。フォーマル度が高く、合意にかかる時間も長くなりがちです。特に、まだ取引のないお客様に提案をして発注をいただくためには、関係構築を地道に積み重ねていくというハードルがあります。

図の右側、上から2段目は**「社内外との交渉」**です。交渉は、お互いの希望する条件が合致するまで、時間のかかるコミュニケーションです。フォーマル度は、社外であれば高く、社内であれば多少は低くなります。

価値観や立場が異なる相手の要望を聞きながら、こちら側の要望も伝え、お互いに合意ができるポイントを探っていくという、難しいやり取りになります。

左側の上段は**「社内外への協力依頼」**です。協力依頼とは、何かをお願いして動いてもらうための合意を得ることです。特に社外への依頼においては、まだ人間関係のできていない相手や、立場が強い相手に対しては、慎重なコミュニケーションが求められます。

社内への依頼は、気安く「ＯＫ」をいただけるケースもあるでしょうが、複数部署の関係者を巻き込んでお願い事をする際は、きちんと段取りを考えておきたいところです。

図の真ん中あたりにあるＬ字型が**「上司や社内への承認依頼」**です。ほとんどの方にとっては、これが最もポピュラーなものではないでしょうか。承認依頼の場合は、相手に意思決定していただき、ＹＥＳをもらうことが目的です。

上司のデスクへ説明に行くことで許可がもらえるケースもあるでしょう。ただ、複数部署のキーパーソンを集めて重要な意思決定をしてもらう場合には、合意にかかる時間は長くなりがちです。役員会議で承認を得る場合などは、フォーマル度も高くなります。

左下は**「メンバーの指導」**です。部下を含めたメンバーへの指導は、基本的には短時間で済むカジュアルなコミュニケーションです。場合によっては、ひと言のアドバイスで済むこともあります。

一方、多くのマネジャーが抱える悩みのひとつに、「同じことを何回も伝えているのに、なかなか行動が変わらない」というものがあります。どうやってメンバーの行動を変えるのか。それには、本書でお伝えする共創アプローチが有効です。

これから、5つの場面のうち「上司への承認依頼」と「お客様への提案」について、「共に創るディスカッション」の具体例を見ていきましょう。

「メンバーの指導」「社内外との交渉」「社内外への協力依頼」の具体例については、巻末の読書特典ページからダウンロードしていただけます。

［ケース①］

上司への承認依頼

まず1つ目、上司に承認をもらう場面が「共に創るディスカッション」になるとどうなるかをケーススタディ形式で解説していきます。

今回、あなたが置かれている状況としては、このようになっているとします。

シチュエーション

あなたが勤務しているA社は、ちょうど今年で設立40年を迎える、中堅の専門商社です。会社の業績が伸び悩んでおり、法人営業部では**新規開拓に注力せよ**と言われています。あなたの役職は法人営業部の課長です。他の課が苦しんでいる中、あなたが率いる課の業績は可もなく不可もなくといった水準です。

あなたは、新規開拓が進まない原因を「営業担当がお客様の情報をろくに調べず、どんな会社にも同じトークをしているから」だと分析しています。そこで、**「企業情報の詳細なリサーチが可能なサービス」**（**費用は年間60万円**）**を会社で導入すれば、売上アップにつながるので、部長に社内稟議を上げてほしい**と考えています。

会社の規定では、物品やサービスを購入するのに、50万円までは部長決裁、それ以上の金額になる場合は役員の承認が必要となっています。

あなたは、橋本部長（50歳・男性・法人営業部長）に、この承認依頼で30分の打ち合わせ時間をもらっています。

橋本部長は、営業担当20人の部を管轄している、あなたにとって直属の上司です。あなたとの関係は悪くありませんが、**細かいところに気がつき突っ込んでくる性格で、「営業は本人のマインドや取り組み姿勢がすべて」という持論の持ち主**です。

稟議に同意を得て、経営会議に上げてもらうために、あなただったらどのように橋本部長とコミュニケーションをとりますか？　少し考えてみましょう。

さて、これらの前提に対して、「共に創るディスカッション」の4ステップに沿って解説していきます。

〔ステップ1〕先を想定して「ゴール・壁・対応策」を洗い出す

上司へ提案を持っていく前に、まず、次のポイントについて考えてみます。3つのポイントはT字の図で整理できます（左図参照）。

○**ゴール**（どんな台詞がもらえたら、この場は成功なのか）
○**壁**（どんな疑問や反論が出てくることが予想されるか）
○**対応策**（壁をどうやって乗り越えるか）

ゴールに対しては、なるべく、考えられる限りの壁を洗い出しておきましょう。いざ上司に話を持っていったときに、想定していなかった突っ込みがあると、そこで止まってし

■ 上司への承認依頼の準備

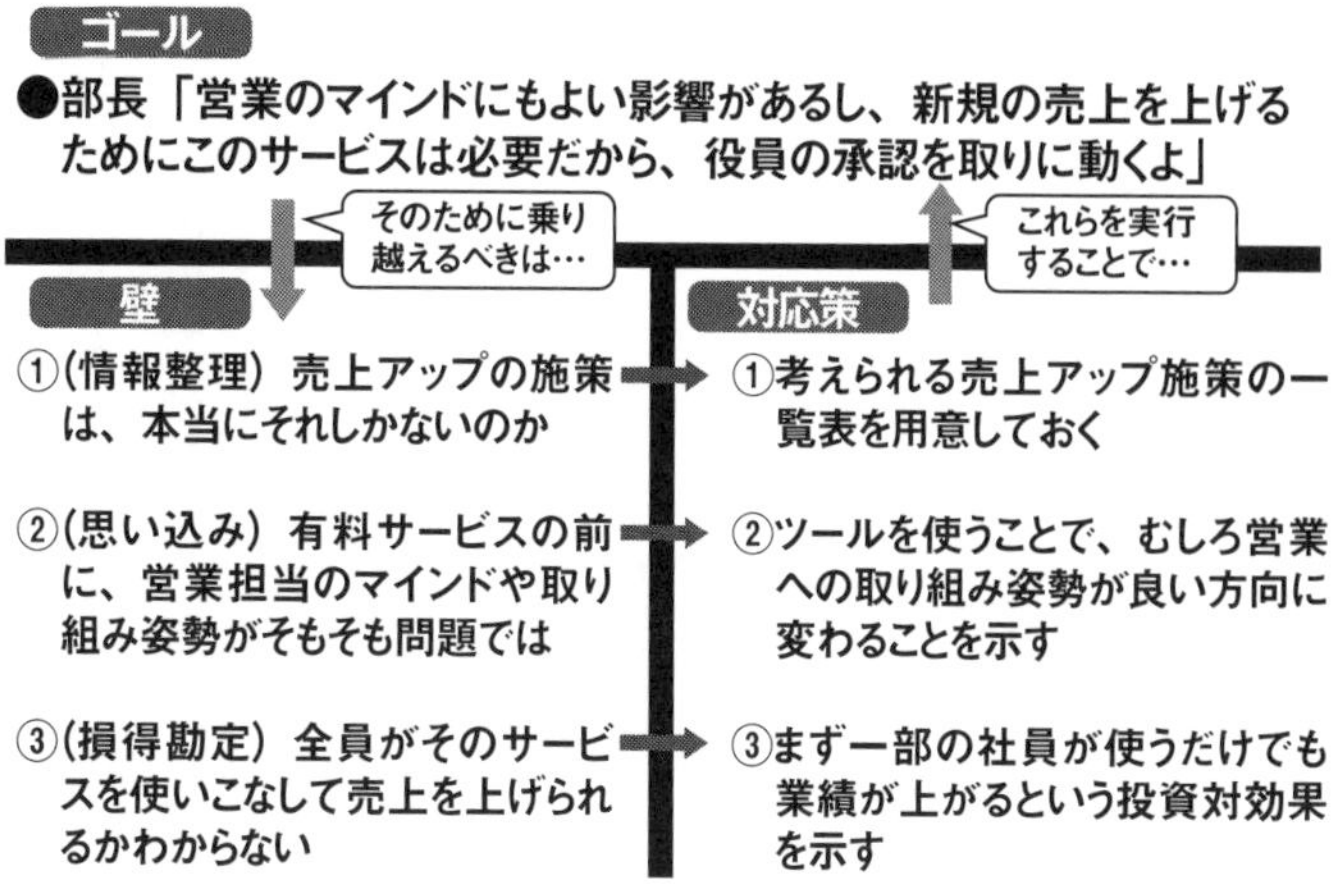
ゴール
●部長「営業のマインドにもよい影響があるし、新規の売上を上げるためにこのサービスは必要だから、役員の承認を取りに動くよ」
そのために乗り越えるべきは…
これらを実行することで…
壁
対応策
①（情報整理）売上アップの施策は、本当にそれしかないのか
①考えられる売上アップ施策の一覧表を用意しておく
②（思い込み）有料サービスの前に、営業担当のマインドや取り組み姿勢がそもそも問題では
②ツールを使うことで、むしろ営業への取り組み姿勢が良い方向に変わることを示す
③（損得勘定）全員がそのサービスを使いこなして売上を上げられるかわからない
③まず一部の社員が使うだけでも業績が上がるという投資対効果を示す

まいます。

1章でご紹介した「壁」には4種類ありました。今回は部長との関係は悪くないという前提ですから、「関係性の壁」「情報整理の壁」「思い込みの壁」「損得勘定の壁」の中で、「関係性」を除いた3つの壁について考えてみます。

①売上アップの施策は、本当にそれしかないのか（情報整理の壁）

②有料サービスの前に、営業担当のマインドや取り組み姿勢がそもそも問題では（思い込みの壁）

③全員がそのサービスを使いこなして売上を上げられるかわからない（損得勘定の壁）

それぞれの壁への対応策を考える際は、1対1で結びつけて考えておけると望ましいです。もちろん、ここで考えておいた「壁」がすべて登場するとは限りません。あくまでも、これは「心の中で想定しておく」ための備えです。

〔ステップ2〕双方向のコミュニケーションを段取りする

上司からは、この件で30分をもらっているとします。時間をどのように使ったらよいのでしょうか。

よくあるパターンは、こちらが用意した資料をひと通り説明して、最後に「何か気になることはありませんか」と聞く進め方です。たとえば30分ならこのような構成ですね。

○20分：提案内容をひと通り説明
○10分：部長からのコメントや質問

しかし、いきなり自分の案を一方的に説明する進め方だと、のっけから拒絶される可能性もあります。たくさんの情報をいっぺんに出されても、部長は理解しきれないでしょう。

そこで、先ほど考えた「壁」と「対応策」を思い出したうえで、段取りを考えます。

①売上アップの施策は、本当にそれしかないのか（情報整理の壁）→考えられる売上アップ施策の一覧表を用意しておく

②有料サービスの前に、各営業担当のマインドや取り組み姿勢がそもそも問題では（思い込みの壁）→ツールを使うことで、むしろ営業の取り組み姿勢がよい方向に変わることを示す

③全員がそのサービスを使いこなして売上を上げられるかわからない（損得勘定の壁）→まず一部の社員が使うだけでも業績が上がり、元は取れるという投資対効果を示す

双方向にコミュニケーションを組み立てるうえでは、自分の手持ち材料をいっぺんに出すのではなく、会話のキャッチボールを進めながら、必要に応じて情報を出していくようにしましょう。

今回のケースでは、初めに出すのは①売上アップ施策の一覧表にとどめておき、②③の資料については、部長からの質問やコメントがあったらすぐに出せるように準備をしておきます。すると、**30分の使い方はこのような4段階になります。**

○5分：この場の趣旨を確認し、売上アップ施策一覧のポイントを簡潔に伝える
○10分：部長がどういうことを考えているか聞く
○10分：自分の意見と部長の意見における共通点・相違点を整理し、必要に応じて追加資料を出す
○5分：今後に向けてのアクションをまとめる

冒頭の切り出し方について、どのような違いが出てくるかを、「悪い例」と「良い例」で示します。

まず、悪い例から見てみましょう。

悪い例

自分「部長、お忙しいところありがとうございます。いまから30分、売上アップのための施策アイデアについて考えたことをご相談できますか？」

部長「はい、どうぞ」

自分「部長にお願いなのですが、特に新規の売上を上げるために、企業リサーチサービスの導入に関して稟議にかけたいので、承認いただきたいんです。**会社としては売上が伸び悩んでいますが、これといって具体的な施策が打たれていないと思います。**このサービスは60万円かかりますが、メンバーの営業生産性が上がると考えています。まず、当社の営業メンバーは、お客様のことを調べずに訪問して……（中略）、**マインドや姿勢を変えるだけでは売上につながらないと思うんです。**私は、このサービスを導入すべきだと考えていますが、部長はいかがですか？」

部長「なるほど……。検討してみるよ」

まず、「売上が伸び悩んでいるのに具体的な施策が打たれていない」「マインドや姿勢を変えるだけでは売上につながらない」というのは、部長を否定するトーンになってしまっています。これだと、自分の正しさを主張することが相手の反感を買うことになりかねません。

また、自分の考えと事実の切り分けが曖昧で、根拠なく「思います」が連発されることによって、説得力も薄まっています。部長としては「十分な検討材料が揃っていない」と判断し、「検討してみるよ」と返してくるのが自然な流れです。

よく、ビジネスコミュニケーションでは「結論から話しましょう」と言われています。もちろん、忙しい相手から無駄な時間を奪わないよう、端的に話すことは重要です。しかし、合意をもらうことの難しさが予見できている場合、一緒に考えを整理するプロセスを雑に扱ってしまっては、相手に保留されるだけです。まずは歩み寄って、気持ちのよい合意に至るシナリオを丁寧に組み立てる必要があります。

では、良い例だとどうなるか見てみましょう。

良い例

自分「部長、お忙しいところありがとうございます。いまから30分、売上アップのための施策アイデアについて考えたことをご相談できますか？」

部長「はい、どうぞ」
自分「まず、私の課のメンバーへヒアリングしたことや、自分なりに部の状況を見て感じた課題意識を、**メモにして整理してみました**」
部長「わざわざありがとう。概ね異論はありません。よくまとめてくれて助かります」
自分「そこで新規の売上を上げる施策を社内に提案したく、部長の承認をいただきたいと考えています。現状できそうなことについて、**『売上アップの施策アイデア一覧』を1枚にまとめました**。こちらですが、まず……（中略）資料の内容についてご不明点などあればお答えします」
部長「いや、今のところは大丈夫」
自分「ありがとうございます。**私の資料とは関係なくても構いませんので、気になることがあればお伺いできますか？**」

先ほどの悪い例と比べてみると、次のようなポイントがあります。
○相手の受け入れやすさを考えつつ、足並みを揃えながら進めている
○自分のアイデアをいきなり一方的に押しつけず、初期説明を最小限にとどめている

○相手に会話のボールを渡し、双方向のやり取りをする意思を示している

ここで重要なのは、**相手と一緒に考えるモードになる**ことです。そのため、一方的に説得したいわけではなく、共によい未来を創りたいと思っていることを理解してもらう必要があります。自分の意向やアイデアに対し、さらに相手の意見を取り入れて進化させていくのです。

〔ステップ3〕疑問や反論の「壁」を乗り越える

双方向のやり取りが始まり、一緒に考えるモードになったら、あとは、合意に至るまでの壁を乗り越えていきます。

まずは悪い例から示します。

悪い例

部長「私は、営業は本人のマインドや取り組み姿勢がすべてだと思うんだよね。いまのメ

ンバーを見ていて、まだまだそこが足りていないと感じるな」

自分「**それなら、『企業情報のリサーチサービス』がよいと考えています**。営業のマインドも、お客様を深く知ることで寄り添えるようになると思うのですが、いかがでしょうか?」

部長「企業情報のリサーチサービスを利用したからといって、マインドや取り組み姿勢にも影響が出るものかな?」

自分「**そこは大丈夫ですよ**。訪問前に、相手の情報をきちんと調べてから提案に向かうわけですから、お客様のことを考えるようになります」

部長「無料では調べられないような情報が取れるということは、高いんだよね?」

自分「たしかに、**60万円かかるのですが**、お客様を理解した提案ができますし、**うちの課のエースの荒木さんも使いたいと言っています**」

部長「なるほど……ただ、全員が、荒木さんのように優秀なわけではないから、使いこなせるかどうかは不安だな。少し考えてみるよ」

部長の考えを変えさせようと片っ端から言い返すと、「ああ言えばこう言う」の応酬になってしまいます。せっかく相手の考えを聞くチャンスができたものの、すぐ説得に移っていると、「部長の考えを理解しようとしている」とは相手に受け取られないでしょう。

こんな状況で無理に論破しようとすれば、相手も頑なになります。部長から「考えてみるよ」という台詞が出ましたが、その直前に出た「価格の高さ」「限られたサンプル（荒木さん）の意見」というのは、のちに断りの理由となる可能性がありますね。

では、良い例を見てみましょう。

良い例

部長「私は、営業は本人のマインドや取り組み姿勢がすべてだと思うんだよね。いまのメンバーを見ていて、まだまだそこが足りていないと感じるな」

自分「部長が足りないと感じられる点を、**もう少し詳しく伺ってもよろしいでしょうか？**」

部長「そもそも、提案が自社目線に偏りすぎているよね。お客様が買いたいと思うような提案になっていない。もっとお客様に寄り添って、一緒に課題解決をするパートナーにならないと、買ってくれないでしょう」

自分「『提案が自社目線』ということについて、**私も理解を深めたいのですが**、特に部長の目につくのはどういう場面ですか？」

部長「提案がいきなり自社の取り扱い商品の紹介から始まって、お客様がどういう課題を抱えているかなど、まったく言及されていない。さらに、この商品を買っていただくとお客様がどうハッピーになるかも示していないよね」

自分「それはたしかに気になります。部長としても、部のメンバーに『もっとお客様に寄り添って』というメッセージは**以前から出されていますが、なかなか浸透しない理由について、部長のお考えはいかがですか？**」

部長「う〜ん。そう言われてみると、『今月のおすすめ商品を案内する』ことはきっちりやっているから、みんな、不まじめなわけじゃないんだよね。私がターゲット商品のことを言いすぎてしまっているのかもしれない」

自分「なぜ言いすぎてしまうのですか？」

部長「当社は専門商社として、ある程度の販売量を見込んでメーカーから仕入れているわけだから、ターゲット商品は特に力を入れてほしいんだよね」

自分「なるほど……**ここまでのポイントとしては**、『お客様に寄り添っているか』『ターゲット商品を提案しているか』という軸があって、ターゲット商品は提案しているも

最初に書いたメモ

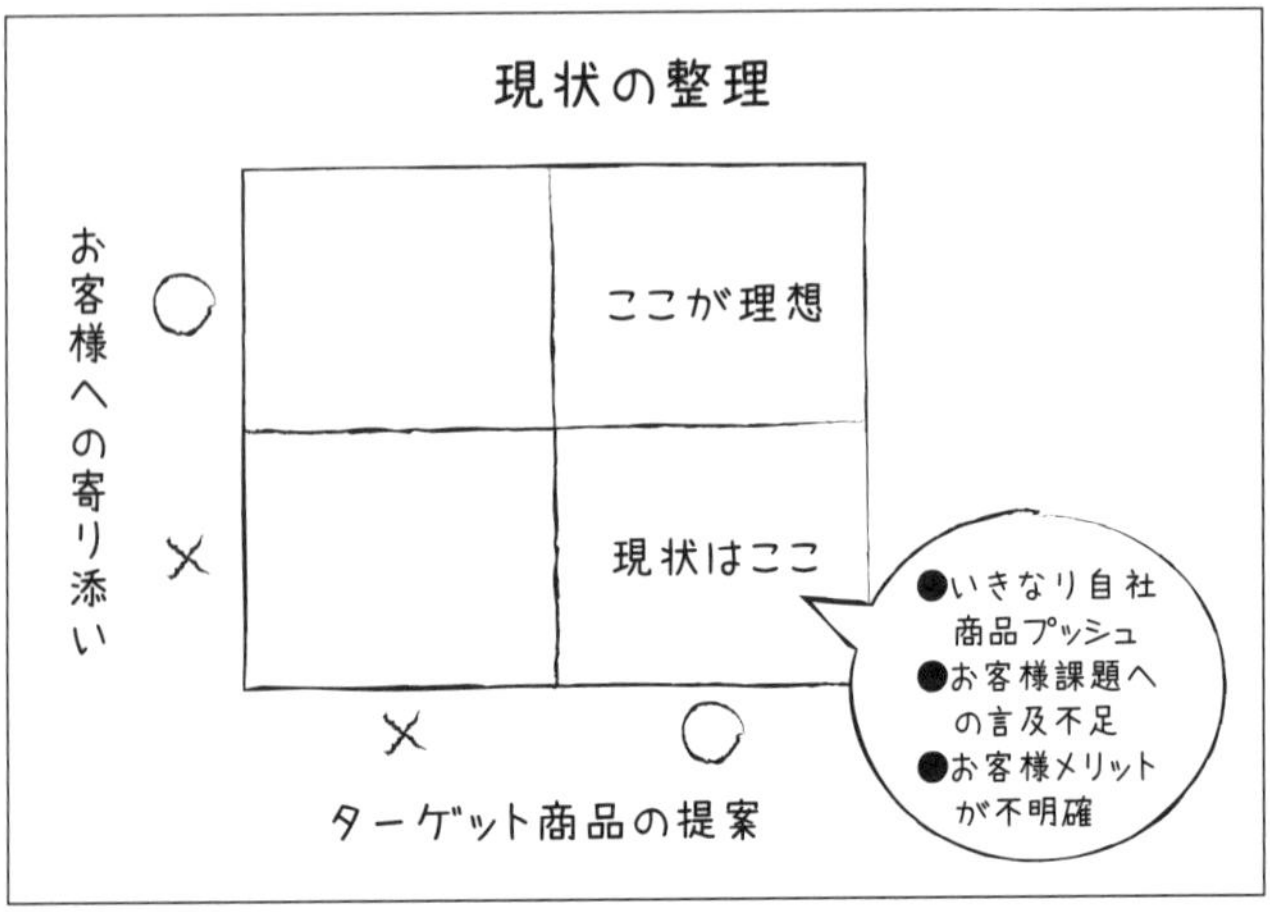

のの、お客様への寄り添い度合いが足りないということですね」（**その場で上のメモを提示**）

部長「そうそう、まさにこういう感じだ！」

自分「実は、先ほどお見せした施策案の中でも、私は『企業情報のリサーチサービス』を導入していただきたいと考えています。お客様のことを詳しく知ることで、部長の大事にされている『寄り添った』提案ができるのではと」

部長「『寄り添い』の提案ができるようになるのはいいね。ただ、これ、有料なんだよね。60万円かかるこのプランを入れたいということ？　情報にお金を払うのもなあ……」

自分「**この類いのサービスは、部長がおっしゃるように情報にお金を払うと思われがちですが、実際は受注増加とメンバー教育への投資です。**60万円は、当社の取引単価なら**2件の新規受注で元が取れます。**部の20人で2件です。私の課にいるエースの荒木さんだけでも回収できそうです。さらに、これはすべての部員がお客様目線になる**教育投資にもなります。**このサービス利用が浸透すれば、お客様を理解して提案するための**マインドや取り組み姿勢が大きく前進**します」

部長「なるほど、元を取るのがそれほど難しくなくて、さらにメンバーの教育にもなるなら、それは魅力的な投資だな」

ここでのポイントは、大きく4つあります。

○相手をいきなり説得しようとせずに、深く理解することに集中する（「関係性の壁」を乗り越える）

○相手の話をビジュアルでまとめたものを見せることで、場を前進させる（「情報整理の壁」を乗り越える）

○相手の中にある思い込みの正体を突き止め、「なるほど、そう考えればいいのか」という発見を促す（「思い込みの壁」を乗り越える）

○今回の意思決定に対して、「どういう判断基準で考えるべきか」を提示している（「損得勘定の壁」を乗り越える）

このように、壁を乗り越えるステップを通して、お互いに認識が深まり、結論の質が上がっています。課題が整理されたうえで単に売上アップだけでなく、メンバーへの教育効果についても、上司である部長の納得感が深まっているのです。

このステップにおけるひとつの山場として、**「相手の話をビジュアルでまとめ、その場で見せる」**があります。いきなりきれいに図解するのが難しければ、テキストの箇条書きでも構いません（左図参照）。

相手に見せられるように情報を整理するには、ちょっとした練習が必要です。詳しくは、6章「見える化する力」で解説します。

■ テキストでメモを取る場合

【現状の整理】

(1) お客様への寄り添い
→ここが足りていない
●いきなり自社商品プッシュ
●お客様課題への言及不足
●お客様メリットが不明確

(2) ターゲット商品の提案
→まじめにやっている
「今月のおすすめ商品を案内する」はOK

〔ステップ4〕相手と二人三脚で進める

二人三脚で進めるステップでは、「私とあなた」という関係から「私たち」という関係に変わります。対立して向かい合うのではなく、一緒に同じ方向を目指していくのです。

まずは、二人三脚になっていない「悪い例」から見ていきましょう。

悪い例

自分「伺ったお話を整理しますと、部長としては『基本的によさそうだが、コストがちょっと気になる』ということですね」
部長「うん、そんな感じだね」
自分「では、私がお見せした売上アップ施策について、これから詳細をまとめます」
部長「それはいいけど、もう少し検討したほうがいいんじゃないかな」
自分「**稟議資料は、私のほうで作業するので大丈夫です**」
部長「……まあ、そう焦らず、もう少し検討してみたらどうかな」

部長の納得感が上がっておらず、巻き込むことができていません。ポイントをまとめる際、整理した内容への腹落ちがないと、「もう少し検討してみたら」という台詞が出てきやすくなります。また、最後のタスクに落とし込む段階でも、部長の熱量が上がらず、「自分ごと」になっていません。

では、どうすればよいのでしょうか。良い例について見てみましょう。

良い例

自分「伺ったお話を整理しますと、『寄り添い』提案ができるようになることには賛同されている一方で、部長としては『**本当に使いこなせるか**』『**費用対効果はどうか**』**の2点が気になる**ということですよね」

部長「うん、そんな感じだね」

自分「『使いこなせるか』『費用対効果』の**ほかに、部長が気になる点はございますか？**」

部長「そのリサーチサービス以外では、どんなアイデアがあるんだっけ？」

自分「全体像はこちらです。『リサーチサービス』のほかには、『営業研修』『追加の広告投資』があります。部長の観点から、**あえて優先順位をつけるとしたらどうなりますか？**」

部長「こうやって並べてみると、同額の営業研修にしても、武器がいまのままだと戦いづらいから、リサーチサービスが先かな。追加の広告投資は直接的で即効性もあるけれど、数百万円かかるから、いまは難しいね」

自分「承知しました。ラフなイメージとしては、このような感じでしょうか？」**（上のメモ**

■ ディスカッションを経て進化させたメモ

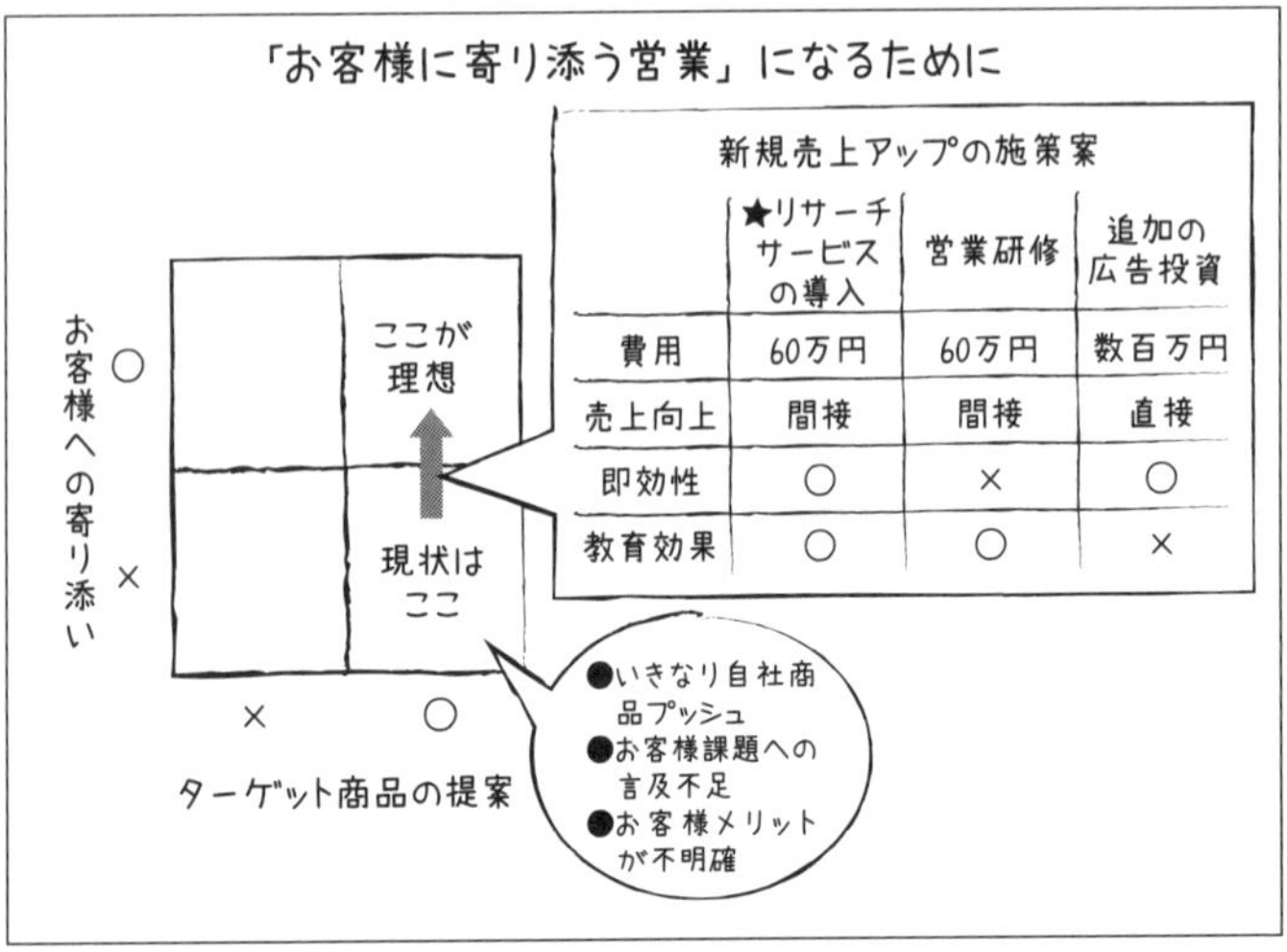

「お客様に寄り添う営業」になるために
お客様への寄り添い
○
×
ここが理想
現状はここ
×
○
ターゲット商品の提案
新規売上アップの施策案
★リサーチサービスの導入
営業研修
追加の広告投資
費用
60万円
60万円
数百万円
売上向上
間接
間接
直接
即効性
○
×
○
教育効果
○
○
×
●いきなり自社商品プッシュ
●お客様課題への言及不足
●お客様メリットが不明確

を提示）

部長「そうそう、わかりやすいね！」

自分「これらを、**部長がおっしゃる『寄り添う営業プロジェクト』として、稟議資料にまとめます**」

部長「お客様に寄り添って理解力が上がることが売上向上につながるのはいいね」

自分「**私のほうで**、他社の事例や投資対効果について書いてみますが、役員の方々から見て問題のないレベルにするために、**あとで部長に確認していただきながら**進めたいと思います。よろしいでしょうか？」

部長「うん、大丈夫です。ありがとう！

営業のマインドにもよい影響があるし、新規の売上をあげるためにこのサービスは必要だから、役員の承認を取りに動くよ」

良い例におけるポイントは以下の通りです。

○網羅性や優先順位を丁寧に確認することで、不安を払拭している
○相手から出てきた台詞をベースに、「合言葉となる共通言語」（ここでは「寄り添う営業」）をつくっている
○その後のアクションについて、お互いの役割分担を定め、二人三脚で進めている

このステップのゴールは、「私とあなた」から「私たち」へと関係性が変わり、一体となって前進することです。

話を整理する際のビジュアル化ですが、図解ではなくテキストだと68頁の図のようになるでしょう。

表現する形式は、図解でもテキストでも構いませんが、環境や手段が整っていれば、図

メモの進化（テキストでメモを取る場合）

【起こっていること】

(1) お客様への寄り添い
　→ここが足りていない
　●いきなり自社商品プッシュ
　●お客様課題への言及不足
　●お客様メリットが不明確

(2) ターゲット商品の提案
　→真面目にやっている
　「今月のおすすめ商品を案内する」はOK

↓

【「お客様に寄り添う営業」になり新規売上を増やす施策案】

(A) リサーチサービスの導入（60万円）
　即効性・教育効果あり
(B) 営業研修（60万円）
　教育効果はあるが、時間がかかる
(C) 追加の広告投資（数百万円）
　即効で売上インパクトはあるが、利益を圧迫

解でビジュアル化できたほうが、相手に与えるインパクトは強くなります。

［ケース②］お客様への提案

先ほどは「上司への承認依頼」を題材に、具体的な会話例を書きました。もうこれでおおよそのイメージはつかめたという方は、次の3章「想定する力」に進んでいただいて構いません。他の例も見て理解を深めたいという方のために、「お客様への提案」についても同様の会話例を載せておきます。場面が違っても、本質的なポイントは共通していることを感じられると思います。

さて、あなたが置かれている状況としては、このようになっているとします。

シチュエーション

あなたは**「営業管理のデジタル化を進め、生産性を上げるソフトウェア」を扱っている営業担当**です。現在は見込み顧客のX社に対してアプローチしています。

X社は、創業者の一族が経営しており、5代続いている老舗のメーカーです。業務がアナログで非効率なことに加え、業績が伸び悩んでおり、売上計画に対して未達が続いていると伺っています。

あなたは、X社の営業企画課長である山田氏（35歳、男性）に対する先日の初回訪問を踏まえて、**今日は2回目の打ち合わせで60分の時間をいただいています**。山田氏が所属する営業企画課は、営業部の売上目標達成に向けた側面支援や管理業務がミッションです。

前回の訪問では、簡単な会社紹介をしてサービスの概要をお話ししたのみで、お客様の課題などはまだ深くヒアリングできていません。とはいえ、山田氏からのリクエストにより、今回の商談では**サービス内容の詳細をプレゼンする**約束になっています。

当社が扱うソフトウェアは業界でも屈指の高品質ですが、競合より高めの価格設定になっています。そこをどう訴求するかがポイントになります。

山田氏自身に決裁権はなく、発注いただくには、投資対効果に厳しい営業企画部長（まだお会いできていない人物）の承認が必要ということです。これまでのやり取りから、**山田**

氏は面倒くさいことを嫌がる性格だと感じていますが、社内の巻き込みに動いてもらわなければなりません。

今回の商談において、当社サービス導入へ前向きになっていただき、次回は決裁者の部長が同席される確約を得るために、あなただったらどのように山田氏とコミュニケーションをとりますか？　少し考えてみましょう。

さて、このような「お客様への提案」という場面においても、共に創るディスカッションになるとどうなるか、「陥りがちな悪い例」と「望ましい良い例」を対比させながら解説していきます。

〔ステップ1〕先を想定して「ゴール・壁・対応策」を洗い出す

お客様へ提案する前に、まずは3つのポイントの整理です。

お客様へ提案する前の準備

ゴール

お客様の現場担当者（山田氏）「私としては負担が減るので導入したいです。次回は上司である部長を同席させますね」

壁	対応策
①（関係性）当社のことをわかっていない営業から売りつけられたくない	①まずは、いきなり製品紹介に入らず、業務上のお悩みを聞く
②（情報整理）解決すべき課題が本当にそれなのかわからない	②業務効率化のお困りごとをひと通り洗い出して優先順位をつける
③（思い込み）以前も体験したが、この類いの導入案件は面倒くさい	③過去のマイナス体験を聞いたうえで、それとは異なることを示す
④（損得勘定）負担が大きくて割に合わないのでは	④充実したサポート体制を説明したうえで、投資対効果を示す

○ゴール（どんな台詞がもらえたら、この場は成功なのか）
○壁（どんな疑問や反論が出てくることが予想されるか）
○対応策（壁をどうやって乗り越えるか）

先ほどの「上司への承認依頼」においては、社内の人物である部長が相手でした。

今回は、**社外のお客様が相手であり、さらに新規の提案という状況を考えると、「関係性の壁」もリストアップしておく必要**があります（上図参照）。

〔ステップ2〕双方向のコミュニケーションを段取りする

お客様からは、今回の訪問でサービス詳細をプレゼンすることが求められており、60分の時間をいただいています。プレゼンしたあとにコメントや質問を受けつつ、追加のヒアリングをこちらからも行うとしたら、すぐ思いつくのはこのような時間配分でしょうか。

○30分：提案内容をひと通りプレゼン
○30分：お客様からのコメントや質問、および追加ヒアリング

ただ、いきなり一方的にプレゼンする進め方だと、壁への対策が十分にできません。「関係性」「情報整理」「思い込み」「損得勘定」という4つの壁が出てきても、柔軟に対応できるように、段取りを考えておきたいところです。そこで、ステップ1で考えた「壁」と「対応策」を思い出します。

①当社のことをわかっていない営業から売りつけられたくない（関係性の壁）→まずは、いきなり製品紹介に入らず、業務上のお悩みを聞く

②解決すべき課題が本当にそれなのかわからない（情報整理の壁）→業務効率化のお困りごとをひと通り洗い出して優先順位をつける

③以前も体験したが、この類いの導入案件は面倒くさい（思い込みの壁）→過去のマイナス体験を聞いたうえで、それとは異なることを示す

④価格が高くて割に合わないのでは（損得勘定の壁）→充実したサポート体制を説明したうえで、投資対効果を示す

それを踏まえて、相手の課題を前半で聞き出し後半で訴求するため、**60分を4段階で組み立てます。**

○5分：前回の内容を確認し、当社がお役に立てる「業務効率化」が本日のメインテーマであることを簡潔に伝える

○25分：業務効率化に関するお客様の課題意識をヒアリングする

○20分：業務効率化のお悩みに貢献できるポイントを重点的にプレゼンし、必要に応じて追加資料を出す

○10分：今後に向けてのアクションをまとめる

冒頭の切り出し方について、どのような違いが出てくるかを、「悪い例」と「良い例」で示します。まず、悪い例から見てみましょう。

悪い例

自分「本日もお時間いただきありがとうございます。本日は、御社の業務効率化にどうお役に立てるかをお話しできればと思いますが、よろしいでしょうか？」

山田氏「はい、お願いします」

自分「先日お伺いしたところでは、御社の業務は全体的にアナログなところが多く、業務効率化によって、業績面においてもプラスのインパクトがあると考えています。弊社として、その課題に対してどんなことができるか、**20ページほどの資料がございますので、まずはひと通り説明させていただきますね**。こちらは、業務効率化を考えるにあたっての5つのポイントです。1つ目は……（中略）次に、業務効率化において費用対効果が高かった事例をご紹介します。この事例は……（中略）そして最後に、山田さんのご負担を減らせるサポートメニューがこちらです。具体的には……（中略）以上となりますが、資料の内容についてご不明点などございますか？」
山田氏「いえ、特にありません。大丈夫です」
自分「ぜひ、前向きにご検討いただき、次回は部長にもご同席願えればと思うのですが……**私も、自分の上司を連れてきますので。いかがでしょうか？**」
山田氏「まずは、私のほうで、いただいた資料をもとに検討してみます」

さて、いかがでしょうか。いろいろとコメントをもらう想定でいたのが、あっさりと終わってしまいました。お客様の課題を指摘したあと、ずっと一方的に話してしまうと、納得感が上がりません。こういった展開でお客様から発せられる「検討しますね」は、多くの場合、条件反射的な保留を表しています。**提案に対して響いてはいないけれども、具体的にどこが納得いかないのかを伝えるのは面倒くさい**、という感情です。
「こちらも上司を連れてくるので、お客様も部長の同席をお願いします」というのは、多くの営業パーソンが使う常套文句ですが、お客様が前向きになっていない状態では、先延ばしの保留をされてしまいがちです。

続いて、良い例です。

良い例

自分「本日もお時間いただきありがとうございます。本日は、御社の業務効率化にどうお役に立てるかお話しできればと思いますが、よろしいでしょうか？」

山田氏「はい、お願いします」

自分「まずは、**前回の商談にてお伺いしたことがこちらです**（**メモを見せる**）。もし、**認識のずれなどありましたら**おっしゃってください」

山田氏「大丈夫です。認識は合っています」

自分「先日お伺いしたところでは、御社の業務効率化によって、業績面においてもプラスのインパクトがあると考えています。本日は、なるべく**双方向に議論させていただきたい**ので、20ページほど資料がございますが、**冒頭の3ページを簡単に**説明いたしますね。まず……（中略）ここまで資料の内容についてご不明点などございますか？」

山田氏「いいえ、特にありません。大丈夫です」

自分「このあとに**ご説明するポイントを絞るためにひとつお伺いしたいのですが、山田さんのお仕事で、いま特に大変なことはなんですか？**」

上司への社内承認依頼の良い例と、次のポイントは共通しています。

○足並みを揃えながら進める
○初期説明を最小限の情報にとどめる
○相手に会話のボールを早めに渡す

今回は、社内ではなく社外の相手とのコミュニケーションになるので、少し気をつけておきたい点は、「資料の準備」「問いの投げ方」です。

社内に比べて、社外の方を相手にしたやり取りでは、資料の準備においてフォーマルさがより求められます。体裁を整えたり、質問に備えて情報のバックアップを厚めに用意しておいたりするなどです。ボリュームも増えがちになります。

しかし、このように準備した資料を、最初から最後まで「一方的に読む」ように伝えても、相手に響きません。いったんお客様に持ち帰られてしまうと、社内に比べて、その後のリカバリーは効きづらいでしょう。

したがって、序盤のうちに「このタイミングでお客様に会話のボールを渡そう」と決めておくことをおすすめします。双方向のキャッチボールで、会話の温度感を上げにいくのです。そのために、お客様へ投げる問いかけを事前に考えておきましょう。今回は、「ご説明するポイントを絞るために、ひとつお伺いしたいのですが」という枕詞を添えています。

〔ステップ3〕疑問や反論の「壁」を乗り越える

疑問や反論の壁を乗り越える段階にくると、お客様とのコミュニケーションはどのようになるのでしょうか。まず、悪い例から見てみましょう。

悪い例

山田氏「私の業務でいま大変なところは、営業からの報告がチームによってばらばらで、経営に報告する売上進捗を取りまとめづらいことです」

自分　「**それなら、弊社のサービスがお役に立てます！**　弊社が具体的に解決できるのは……（中略）なのですが、いかがでしょうか？」

山田氏「業務効率化のための機能としてはよさそうですが、使いこなすのが難しそうですね」

自分　「**いえ、そんなに難しくありませんよ。**弊社としても、使いこなしていただくためのサポートは丁寧に行いますのでご安心ください」

山田氏「サポートが充実しているということは、やはり価格も高いんですよね」

自分　「**たしかに、弊社のサービスは他社様に比べて高いとよく言われる**のですが、その分だけ、サポートが充実しているんです」

山田氏「なるほど、わかりました。いただいた内容をもとに検討してみます」

社内における承認と異なるのは、社外のお客様が相手なので、自分にとって「わからない情報が多い」ことです。お客様が示す懸念（ネック）に対して、何を気にされているのか掘り下げないまま即座に反論してしまうと、納得度が上がりにくいですね。

また、相手の思い込みや先入観が払拭できていないと、あとで断られる理由になってしまうので、注意が必要です。

さて、ではここで良い例を見ていきましょう。

良い例

山田氏「私の業務でいま大変なところは、営業からの報告がチームによってばらばらで、経営に報告する売上進捗を取りまとめづらいことです」

自分「具体的に気になる点を、**もう少し詳しく伺ってもよろしいでしょうか？**」

山田氏「各チームが表計算ソフトで数字を報告してくるのですが、もともと会社が用意した報告用フォーマットをチームリーダーが勝手にいじってしまっています。売上の見込みについても定義が統一されていないんです」

自分「それは大変ですね……。定義が統一されていないと、**やはりそれは山田さんのご負担になるのでしょうか？**」

山田氏「はい。見込みが甘いチームは、いつも売上の着地見込みがずれるんです。月の初めに今月の着地予想を出してもらうのですが、確度の低い案件もたくさん混ざっています。すると、いざ月末になったとき、失注や翌月にずれ込む案件が多いんです。

だから見込みの低い案件は着地予想に入れないでほしいのですが……」

自分　「お話を伺っていると、**ずっと前から続いていらっしゃるようですね。山田さんのほうでも、その問題に対して過去に手を打ってこられているのではないですか？**」

山田氏「チームリーダーには、着地見込みの精度を上げてほしいと繰り返し言ってきたのですが、業績のよくないチームはなかなか直らないですね」

自分　「なるほど……それはなぜなんでしょうか？」

山田氏「営業担当役員からの目標達成プレッシャーが強くて、月初の時点で出す着地予想が低いと、いろいろと厳しく言われるんです。だから、月初の時点では、希望的観測も含めて、高めの数字を出したくなるんでしょうね」

自分　「**ここまでのポイントとしては**、『実際の月初の見込み』『月初の役員報告』『月末の結果』において、業績がよくないチームの見込みずれが原因で、営業企画部のご負担が大きいということですね」（**その場で左頁のメモを提示**）

山田氏「はい、まさにこんな感じです！」

自分　「**ちょうど御社に近い状況の会社様を支援したことがあるので**、事例と弊社の支援内容をお見せしますね。（中略）**こういったケースでは、むしろ、業務効率化という**

■ 最初に書いたメモ

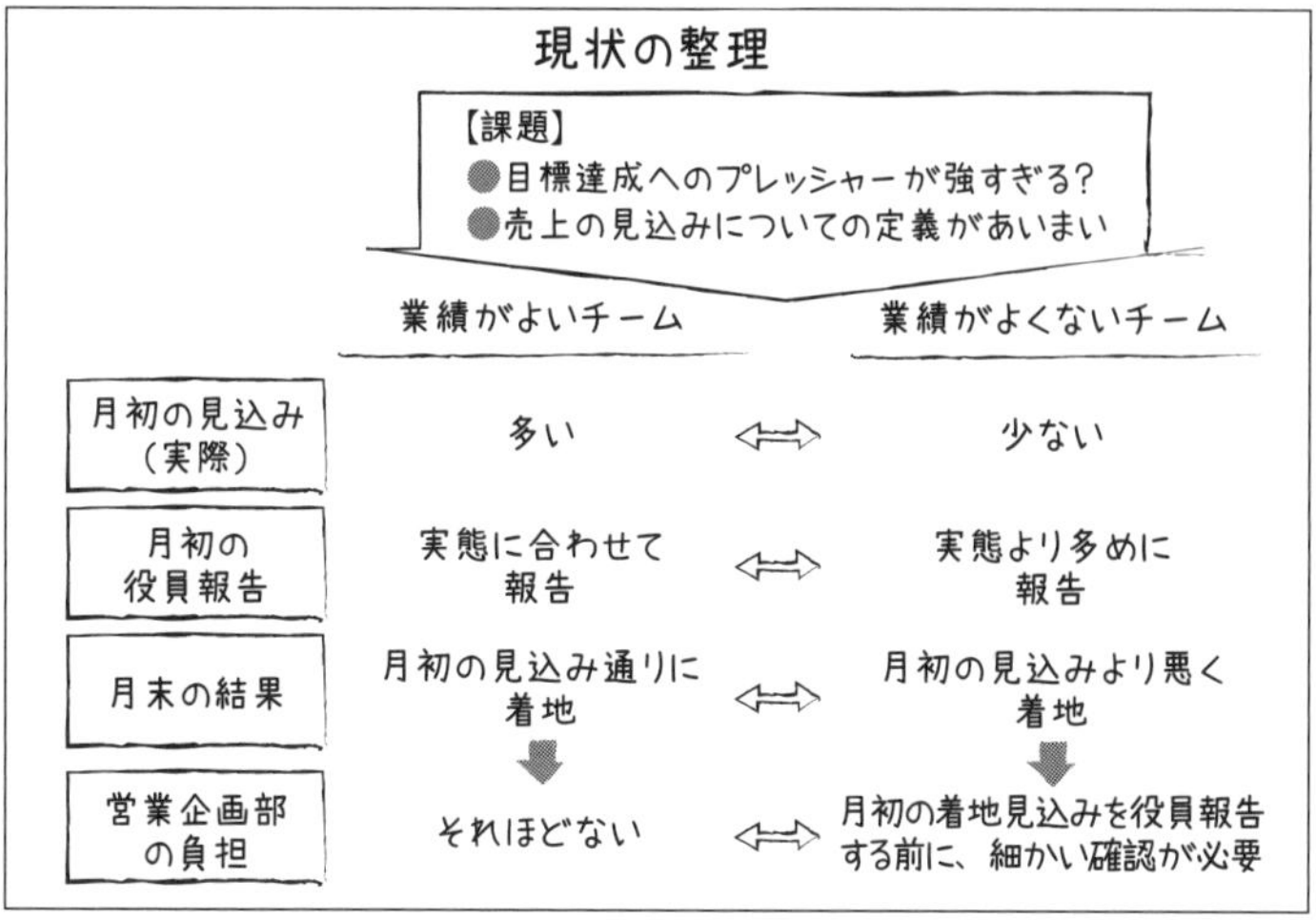

現状の整理
【課題】
●目標達成へのプレッシャーが強すぎる?
●売上の見込みについての定義があいまい
業績がよいチーム
業績がよくないチーム
月初の見込み（実際）
多い
少ない
月初の役員報告
実態に合わせて報告
実態より多めに報告
月末の結果
月初の見込み通りに着地
月初の見込みより悪く着地
営業企画部の負担
それほどない
月初の着地見込みを役員報告する前に、細かい確認が必要

より『全社的に営業の改革をするのだ』というメッセージを出していただくことが重要です。こちらの会社様では、弊社の支援にかかった投資は余裕を持って回収されています」

山田氏「なるほど。たしかに営業の改革と考えたほうがよいですね。でも、これだけのことをやろうとすると、営業企画部もかなりの労力がかかりますね。大変そうだなあ……」

自分「そこで、弊社が特に大事にしているのは、営業企画担当の方のご負担を軽減することなんです。弊社のサービスは、よく『価格以上の価値があるね』と言っていただけるのですが、**具体的にどのぐらい弊社からサポートさせていただくか、プロセスと時間を示したのがこちらの資料です」**

山田氏「こんなに手厚くフォローいただけるのですね！」

お客様への提案でも、上司への承認依頼と同様に、4つの壁に関するポイントを押さえています。

○お客様をいきなり説得しようとせずに、深く理解することに集中する（「関係性の壁」を乗り越える）

○相手の話をビジュアルでまとめたものを見せることで、場を前進させる（「情報整理の壁」を乗り越える）

○相手の中にある思い込みの正体を突き止め、「なるほど、そう考えればいいのか」という発見を促す（「思い込みの壁」を乗り越える）

○負担が増えそうという懸念に対して、具体的なプロセスと時間を提示し、意思決定に変化を起こしている（「損得勘定の壁」を乗り越える）

テキストでメモを取る例

【課題】
●目標達成へのプレッシャーが強すぎる?
●売上の見込みについての定義があいまい

【起こっていること】

●月初の見込み(実際)
業績がよいチームは多いが、業績がよくないチームは少ない

●月初の役員報告
業績がよいチームは実態に合わせて報告、業績がよくないチームは実態より多めに報告

●月末の結果
業績がよいチームは月初の見込み通りに着地、業績がよくないチームは月初の見込みより悪く着地
↓↓↓
●営業企画部の負担
業績がよいチームはそれほどないが、業績がよくないチームは月初の着地見込みを役員報告する前に、細かい確認が必要

お互いに認識が深まると、結論への納得感が増していきます。

ここでは特に社外の方が相手なので、お客様の文脈や知らなかった背景を理解することが重要です。

「あなたのことを私は理解し、共感しています」ということが伝わると、相手も心を開いてくれます。そのタイミングで、認識が書き換わるような情報を提示すると、お客様もグッと前のめりになります。

図解でメモを取るのが難しい場合は、テキストでメモを取っても構いません。図解と同じ情報をテキストで書き起こすとどうなるかを上図に示しました。

〔ステップ4〕相手と二人三脚で進める

疑問や反論の「壁」を乗り越えて、結論に対する納得感が増したところで「二人三脚」のプロセスに入ります。では、こちらの悪い例を見ていきましょう。

悪い例

自分「伺ったお話を整理しますすと、チームごとの報告にばらつきがあり、山田様のご負担が大きくなっているということですね」

山田氏「はい、そんな感じです」

自分「承知しました。では、**私が本日お話ししたことを、当社の提案としてまとめてきます**。次回、上司の方をまじえて打ち合わせをさせていただけますか？」

山田氏「部長に相談する前に、私のほうでも、もう少し整理をしてみたいと思います」

自分「**私も次回、自分の上司を連れてきますので、山田様も、部長になんとかかけあってみていただけませんか？**」

山田氏「いったん資料を拝見してから検討します」

山田氏の納得感が深まっておらず、強引に上司の同席をお願いしても、うまく巻き込めていませんね。整理が浅いところで終わってしまっていると、山田氏としても「もう少し考えたい」となります。

では、良い例を見てみましょう。

良い例

自分「伺ったお話を整理しますと、**課題は2つあって**、1つ目が目標達成するためのマネジメントの『型』がないということ。2つ目は売上の見込み定義があいまいだということですね。**それゆえ**、チームごとの報告にばらつきがあり、山田様のご負担が大きくなっているということでしょうか」

山田氏「はい、おっしゃる通りです」

自分「ちなみに、**『見込み案件を増やすための営業力を上げたい』という声も、似た状況にある他社様ではよく聞きますが、御社ではいかがでしょうか？**」

山田氏「そう言われると、たしかに見込み案件を増やす営業力が必要だと思います」

自分「では、『マネジメントの型』『見込みの定義』に、いま出てきた『案件を増やす営業力』を加えた3つについて、**あえて優先順位をつけるとしたらどうなりますか？**」

山田氏「そうですね、まず一番は『マネジメントの型』、次に『案件を増やす営業力』ですね。『見込みの定義』については、社内の議論でなんとかなると思います」

自分「承知しました。では、**特に山田様が重視されている『マネジメントの型』と『案件を増やす営業力』について**、弊社がどうお役に立てるかを提案にまとめます。イメージとしては、これをパワーポイントに落とし込む感じでいかがでしょうか？」

（左頁のメモを提示）

山田氏「ありがとうございます！　これは助かります」

自分「さらに**私のほうで**、部長が重視されている費用対効果の参考事例と、営業企画の負担を軽減するサポートメニューについても追加します。もしよろしければ、**山田様のほうでも**、部長が気にされていそうなポイントを簡単に社内ヒアリングいただくことは可能でしょうか？」

山田氏「はい、それはやっておきます」

▒ ディスカッションを経て進化させたメモ

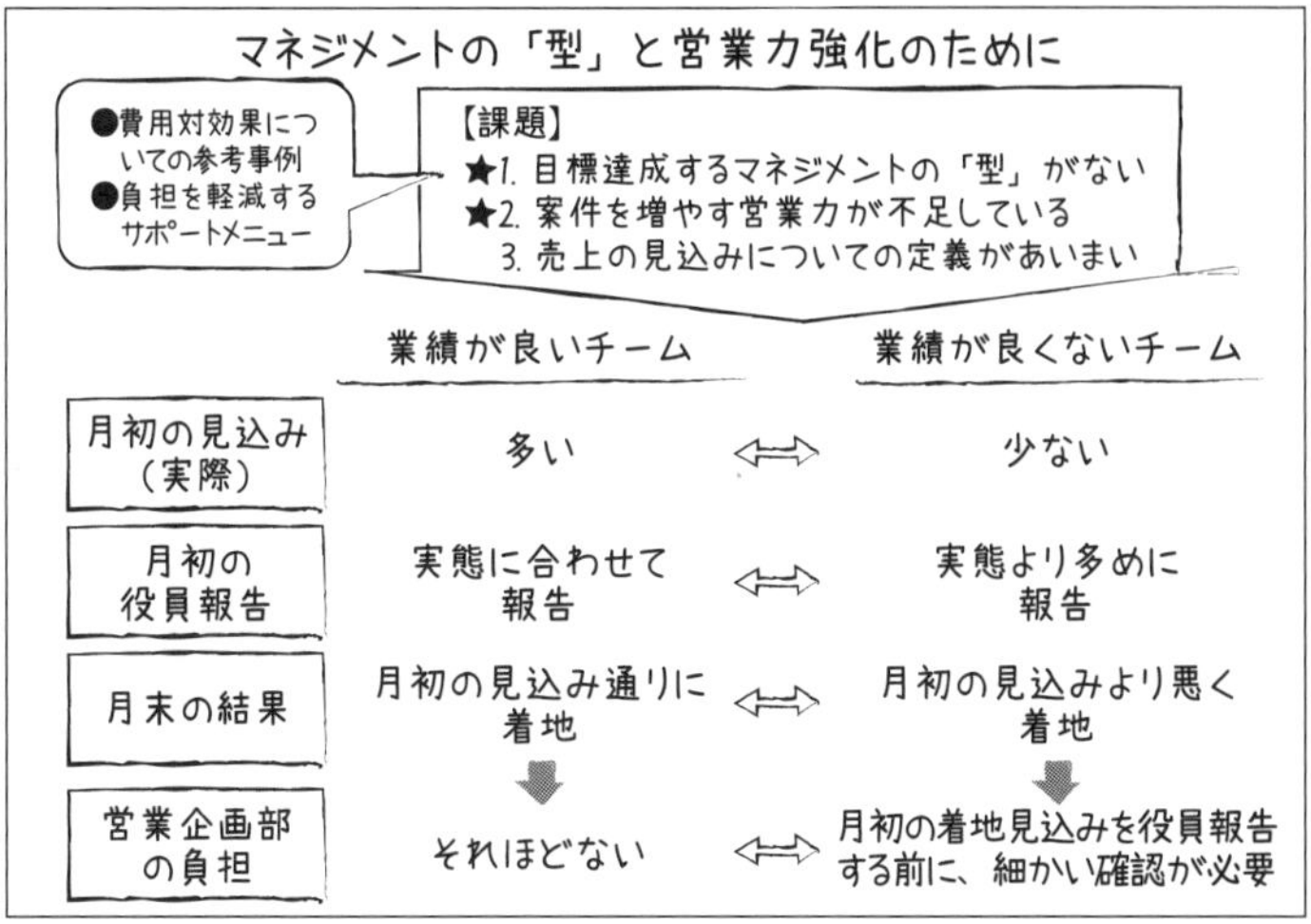
マネジメントの「型」と営業力強化のために
●費用対効果についての参考事例
●負担を軽減するサポートメニュー
【課題】
★1. 目標達成するマネジメントの「型」がない
★2. 案件を増やす営業力が不足している
3. 売上の見込みについての定義があいまい
業績が良いチーム
業績が良くないチーム
月初の見込み（実際）
多い
少ない
月初の役員報告
実態に合わせて報告
実態より多めに報告
月末の結果
月初の見込み通りに着地
月初の見込みより悪く着地
営業企画部の負担
それほどない
月初の着地見込みを役員報告する前に、細かい確認が必要

自分 **「それらの情報をとりまとめたところで、次回、部長をまじえて打ち合わせさせていただけますか？」**

山田氏「承知しました！ 私としては負担が減るので導入したいと思っています。次回は上司である部長を同席させますね」

この例でも、上司への承認依頼と同様に3つのポイントを満たしていますね。

○網羅性や優先順位の確認
○相手から出てきた台詞をもとに「共通言語」づくり
○二人三脚での進行

お客様向けの提案では、社内向けよりも情報ギャップが大きいため、特に網羅性や優先順位の確認が重要です。これらを整理して相手と合意することによって、この先も進めやすくなります。

さらに、事後フォローとして、メモで書いた図解や簡単な議事録を素早く送付することで、お客様がそのあと社内で動きやすくなります。相手が忙しくなったり面倒くさくなったりして動きが止まらないように、電話やメールで側面支援をしていきましょう。合意がきちんと次のアクションに活かされるよう、丁寧に伴走していくことが必要となります。

さて、ここまで、「上司への承認依頼」「お客様への提案」という2つのケースを並べてみました。

では、次章より、「共に創るディスカッション」を支える7つのスキルを順番に学んでいきましょう。

3章

スキル①

想定する力

最高を望み、最悪に備えよ

▒ 想定外のことに慌てない準備をする

「想定する力」とは、ゴール設定をしたうえで、発生しうる壁（疑問や反論）をできる限り洗い出し、どう対応していくかのシミュレーションをするスキルです。

イギリスの首相を務めた歴史上の人物、ベンジャミン・ディズレーリの言葉に「最高を望み、最悪に備える」というものがあります。

ビジネスシーンにおいても、こういった心構えは非常に重要です。

人に動いてもらう局面において、「最高」は、気持ちのよい合意に至って相手が動いてくれることです。一方、相手との関係が悪化したり、これまで積み重ねてきたことが台無しになったりするのは「最悪」です。

最高の状態だけ考えて場に臨むと、想定外の壁にぶつかって右往左往してしまうことがあります。一方、最悪の事態をあれこれ心配しているだけでは、物事が前に進みません。そこで、「最高」と「最悪」の両方をイメージしておくのです。

たとえば、社外との交渉におけるひとつのケースを考えてみましょう。

あるメーカーA社が販売代理店B社と、販売条件の交渉に臨んでいるとします。A社はB社に「もっと力を入れてA社の製品をたくさん売ってほしい」と思っています。

もしみなさんがメーカーA社の交渉担当者だったら、「最高」と「最悪」をどのように想定し、備えますか?

A社が描く「最高」の状態は、B社と良好な関係を築いたまま、B社がたくさん売ることを約束してくれる一方で、販売マージン率(1つ製品が売れた場合のB社の取り分の比率)をできるだけ低く抑えることでしょう。そうすると、理想ラインとしての販売数量やマージン率を明確にしたうえで、B社に対して「この条件でA社と取引することがいかに魅力的なことか」を伝えるための情報を揃えておくことになります。

一方、B社からすると「無謀な数量を売る約束はせず、マージン率は極力高いほうがいい」に決まっています。A社がいかに製品の魅力や販売のコツを情報提供したり、B社にとってのメリットを訴求したりしても、最終的にマージン率についての議論が煮詰まると、取り扱い数量について合意に至らない可能性があります。

こういうとき、「最悪」に備えるとは、たとえばこのような**悲観シナリオを可能な限り洗い出しておく**ことです。

○B社との関係性が悪化し、契約を解消したい意向を伝えられる
○本来は合意できるはずなのに、判断材料となる情報が足りずに結論が出せない
○B社がA社製品販売に対して「魅力的でない」と思い込んでしまい、後ろ向きになる
○B社から、いきなりA社にとって望ましくない条件を強く要望される

そして、最悪の事態に対しては、「そもそも、その事態が起こらないように予防する」「いざ起こってしまったときに、事態を収拾できる準備をする」という2つの方向から、しっかり対策を考えておかねばなりません。

たとえば、**「その事態が起こらないように予防する」**には、次のような対応が必要です。

○「判断材料となる情報が足りずに結論が出せない」とならないように、用意しておくべき情報を丹念に洗い出す
○「いきなりA社にとって望ましくない条件を強く要望される」ことのないよう、打ち合わせの前に先方の担当者へ電話し、感触をヒアリングしておく

また、**「起こってしまったときに、事態を収拾できる準備をする」**というのは、このようなアクションです。

○万が一、関係がこじれて「契約を解消したい意向」を伝えられてしまったら、A社としてどう対応するかの方針をあらかじめ考えておく
○B社が思い込みから「後ろ向き」な反応を示したとき、当社（A社）側の上位役職者にすかさずフォローしてもらう段取りを組んでおく

最高の状態を実現するためのアクションを組み立てつつ、このように想定外の事態に慌てない準備をしておくことが重要です。「最高」と「最悪」を両方とも考えておくことで、臨機応変な対応が可能になり、安心して「共に創るディスカッション」に臨めるようにな

ります。

■「ゴール」「壁」「対応策」をシミュレーションする

「想定する力」の特徴は、最高と最悪の両方をイメージして準備しておくために、T字型の図を用いて「ゴール」「壁」「対応策」を考えることです。

2章でご紹介した、「お客様への提案」のケース（左図参照）を用いて、改めて詳しく解説します。「営業パーソンが、新規開拓の活動として、現場の担当者に2回目の訪問をする」という状況です。

いわゆる法人営業では、現場の担当者から賛同を得られても、決裁者の合意をもらわなければ受注に至りません。そこで、商談においては、「現場の担当者から賛同をもらい、次に決裁者（上司）とのアポイントを設定していただく」ことを目指します。

しかし、そう簡単に決裁者同席のアポは取れません。忙しい上司を引っ張り出すためにはそれなりの理由が必要です。現場の担当者からすると、「本当に上司を同席させる価値

お客様へ提案する前の準備

ゴール

お客様の現場担当者「私としては負担が減るので導入したいです。次回は上司である部長を同席させますね」

壁	対応策
①（関係性）当社のことをわかっていない営業から売りつけられたくない	①まずは、いきなり製品紹介に入らず、業務上のお悩みを聞く
②（情報整理）本当に当社の課題を解決できるかわからない	②業務効率化のお困りごとをひと通り洗い出して優先順位をつける
③（思い込み）以前もあったが、この類いの導入案件は面倒くさい	③過去のマイナス体験を聞いたうえで、それとは異なることを示す
④（損得勘定）負担が大きくて割に合わないのでは	④充実したサポート体制を説明したうえで、投資対効果を示す

があるか」を見極めようとするでしょう。

また、そもそもそれ以前に、基本的な信頼を得られなければ先には進めません。

そこで、「ゴール」「壁」「対応策」を書き出してみると、このようになります。

実現できたらこの場の目的は達成だと言える「ゴール」

現場担当者から「私としては導入したいので、次回は上司である部長を同席させますね」という台詞をいただけると、商談は大きく前進します。もちろん、最終的に導入いただくためには、決裁者の承認を得ることが必要ですが、この「現場の担当者との商談」においては、担当者から「上司同席の確約」をいただくのがゴールとなります。

ゴールにたどりつくために乗り越えるべき「壁」

現場担当者から出てきそうな疑問や反論について洗い出します。ここでのポイントは、**実際に言われそうな台詞だけでなく、心の中でわき起こるネックについても書き出す**ことです。

新規の営業であれば、まだ、営業と現場担当者とのあいだには人間関係ができていないケースが多いでしょう。担当者の側には、「よくわからない会社から売りつけられたくない」のように、条件反射的な防御反応が起こるものです。

また、その防御反応をかいくぐって、「話を聞いてみるか」となっても、賛同いただくためには課題の整理が必要になってきますし、現場担当者の思い込みによって警戒される場合があります。たとえば「以前もこの類いの導入案件に関わったことがあったが、面倒くさい思いをした。今回も、自分に負担がかかるような話なのだろう」といったものです。

そして、いざ購買を検討するかどうかとなったときには、損得勘定として、費用対効果が気になるはずです。「価格が高くて割に合わないのでは」と思われてしまうと、先に進めません。

こういった、「発生しうる壁」について、ひと通り書き出してみます。最悪の事態に備えるために、できれば壁については**「思いつく限り、たくさん」リストアップしておく**ことが必要です。

壁にぶつかったときの「対応策」

ここでは、洗い出した壁に対して、原則として「1対1」で対応策を考えていきます。いくつかの壁に対して、「まとめてこの1つの対応策で十分」としてしまうと、いざ壁が発生したときに対処しきれません。

「関係性の壁」に対しては、まず、いきなり製品紹介に入らず、業務上のお悩みを聞くことで、お客様を理解することが大切です。「情報整理の壁」については、課題を網羅的に確認し、優先順位をすり合わせることが必要になってきます。そして「思い込みの壁」に対しては、過去のマイナス体験を聞いたうえで、それとは異なることを示します。いざ本格的に検討いただく段階に進んだら、充実したサポート体制を説明したうえで、投資対効果を示すことによって、「損得勘定の壁」を乗り越えます。

この作業をするとき、大事な注意点があります。それは、**壁が洗い出しきれなかったり、対応策が思いつかなかったりしたら、それを放置しない**ことです。自分がイメージしきれないときには、上司や先輩など周囲の力を素直に借りましょう。

慣れるまでは大変ですが、T字型で「ゴール」「壁」「対応策」が書き出せると、これからどういうことが起こるか（それに合わせてどんな準備をすべきか）イメージができるようになります。ひとつの目安としては、5～10分ほどの時間で手元にT字型が書ければ御の字でしょう。

それでは、「ゴール」「壁」「対応策」をスムーズに考えられるように、「想定する力」におけるコツをお伝えしていきます。

「ゴール」は検証と改善ができるように設定する

誰からどんな台詞が出てきたらゴール達成か

相手が気持ちよく動いてくれた状態を、本書では「ゴール」と定義します。達成できたかどうかを明確に振り返れるよう、ゴールは**「誰からどんな台詞が出てきたら達成か」**で設定するのがポイントです。

2章で準備のためのT字型を書いた「上司への承認依頼」「お客様への提案」のケースで考えると102頁の図のようになります。

注目いただきたいのは、**「どんなポイントに響いて合意をもらいたいか」まで含めて明確にすること**です。単に「ＯＫ」という返事だけを想定するのではありません。上司への承認依頼だったら「上司が大切にしているポイントをおさえており、会社の方針にも沿っ

ゴールの設定は具体的な台詞で

	達成できたかどうか明確		達成できたかどうか不明確
上司への承認依頼	橋本部長 「営業のマインドにもよい影響があるし、新規の売上をあげるためにこのサービスは必要だから、役員の承認を取りに動くよ」	↔	橋本部長に企画案への賛同をいただく
お客様への提案	営業企画課長の山田氏 「私としては負担が減るので導入したいです。次回は上司である部長を同席させますね」	↔	営業企画課長の山田氏から前向きな反応を得る

ている」、お客様への提案なら「担当者の負担が減り、メリットを感じる」のように、響かせたいポイントまで言葉にしておきます。

「賛同いただくとはどういう状態か」「前向きな反応とはどういうものか」について、解釈が分かれないよう、注意が必要です。

達成できたかどうかを明確にするためには、具体的な台詞で表現しておきましょう。その場を終えたときに、実際にゴールを達成できたのかがはっきりします。

■ゴール設定をしたら必ず「振り返り」をする

ゴールについては、振り返って検証できることが重要です。もし設定していたゴールにたどりつけなかったとき、どこを改善すべきかを具体的に考えられます。たとえば、うまくいかなかった場合の原因としては、このようなケースがあります。

①ゴールが曖昧だった

何となく悪くなかった気もするが、はたして気持ちのよい合意かというと疑問が残る。そのようなときは、ゴール設定が曖昧な表現で設定されていなかったかチェックしましょう。

②ゴール設定のターゲットがずれていた

複数の人物が関係してくる場合、そもそも焦点を当てるべき人物を捉え違っていたということもあります。

あるいは、ゴールが遠すぎた、もしくは近すぎたということもあるでしょう。その場の時間配分や用意する資料などとの兼ね合いで、こういったずれを検証できることがあります。

③壁を洗い出しきれていなかった

いざ臨んでみたら、想定外の壁が登場することによって、その場が停滞してしまうことがあります。想定外の壁が登場するということは、事前の準備段階で壁を洗い出しきれていなかったということです。

④壁への対応策が間違っていた

想定していた壁ではあるものの、アクションのとり方が誤っていて、気持ちのよい合意に向けて前進しなかったということもあります。そのようなときは、後述する「4種類の壁」への対応策がずれていなかったか検証しましょう。

ゴールにたどりつけなかったら、具体的な原因を特定して改善することが重要です。

また、言うまでもないことですが、ゴールが達成できたときにも、「何が成功要因だったのか」を振り返っておきましょう。こうしたＰＤＣＡサイクルが回っていくことで、ゴールの達成に再現性が生まれます。

「4つの壁」と「対応策」

想定する「壁」は4種類

ここでは「壁」と「対応策」について、しっかりとおさえておきましょう。疑問・反論などの「壁」に対して、無理に説得や論破をしようとしても相手はスムーズに動いてくれません。

1章でもお伝えしましたが、**こういう壁の存在を、「結論を進化させてくれる材料」として前向きに捉えることで、相手と「共に創る」感覚が磨かれていきます**。そのためには、壁につまずかず、乗り越える引き出しを武器として身につけていくことが重要です。

「想定する力」の中で最も難しいのは、事前に壁をもれなく洗い出しておくことです。多くの方は、ここで、壁を洗い出しきれずに「想定外」の事態に直面します。

「壁」のパターンは４種類

	ネック	対応策の方針
①関係性の壁	気を許していないので動きたくない	傾聴と自己開示を通して、相手との相互理解を深める
②情報整理の壁	状況がクリアになっていないので動きたくない	検討に必要な情報を整理して「見える化」する
③思い込みの壁	これまでの経験や直感から動きたくない	思い込みの原因を特定して、枠組みを再定義する
④損得勘定の壁	割に合わないので動きたくない	意思決定基準の軸を動かすディスカッションをする

もれなく洗い出すためのコツは、「壁にもパターンがある」と考えることです。**「関係性」「情報整理」「思い込み」「損得勘定」**という観点が頭の中に入っていれば、まずは最低4通りの壁について素早くチェックすることができます（上図参照）。

これから、それぞれの壁について解説しますので、4つがパッと浮かんでくるように頭の中に入れてしまいましょう（5章から8章にかけてひとつずつ、4つの壁を乗り越えるための具体的なスキルを扱います）。

▨気を許していないので動きたくない「関係性の壁」

壁の1つ目が「関係性の壁」です。

「よくわからない相手に対して警戒している」

「なんとなく、そのまま説得されたくない」

「気を許していないので、行動するのを控えている」

このような原因で、相手から保留されることがあります。これは、**提示している内容への賛否とは関係なく、相手と自分との関係性が原因となって起こっている抵抗**です。

特に「関係性の壁」は、社内においてよりも社外の相手とのあいだで発生しやすくなります。相手のことがまだよくわからず、警戒心が拭いきれない状態ということです。

しかし、相手から「まだあなたのことがよくわからないので、動きたくありません」とストレートに言われることは多くないでしょう。あたりさわりのない言葉ではぐらかされるほうが一般的な反応です。

注意すべきは、相手からこういった反応が出てきたときに、情報を追加して強引に説得しようとしないことです。関係が築けておらず、相手の心の中がわからないままにプッシュしても、頑なに抵抗されるだけです。

「関係性の壁」を乗り越えるには、相手の心の中にあることをすっきりと吐き出してもらうことに加えて、こちらからも率直な自己開示が必要です。

相手の発言に耳を傾けること（傾聴）は、相手の存在を大切にするというメッセージです。また、相互理解が進むことによって、相手のほうから「受け入れよう」というモードになってくれます。傾聴を通して相手と関係を築くスキルについては、5章の「理解を深める力」で詳しくご説明します。

▩状況がクリアになっていないので動きたくない「情報整理の壁」

壁の2つ目が「情報整理の壁」です。

「まだ、頭の中が整理できていない」

「慌てて判断したくない」

「もう少し考えてみたい」

こちらとしては熟考を重ねた末のベストな提案であるほど、えてして相手からはすぐに返事をいただけないものです。

社内で上司に対して提案したことがなかなか決裁されずにやきもきするというのは、よくあることです。また、営業であれば、お客様へ提案をしたあとにその場でお返事をいただけず「もう少し考えたいです」と言われ、商談が停滞してしまった経験をお持ちの方も多いでしょう。

このような保留は、相手にとって状況がクリアになっていないことから起こるものです。

とはいえ、ビジネスにおいては、意思決定できる十分な情報が揃うまで時間がかかりすぎると、機を逃してしまいます。また、「どこまで情報を集めたら判断できるのか」というラインは、人によって異なるので、ただ待っていても解決しないことは多々あります。

「考える時間がほしい」と言う相手に対して、さらに追加で情報提供をしてしまいがちですが、相手からすると、いたずらに情報を足されてもわからないことが増えるだけです。

それより、**検討に必要な情報を整理して「見える」ようにすることで、物事が前進します。**

どうやって情報を整理するかについては、6章の「見える化する力」で詳しくご説明します。

これまでの経験や直感から動きたくない「思い込みの壁」

3つ目は「思い込みの壁」です。

「なんとなく、よくないイメージを持っている」
「過去のマイナス体験があるので、抵抗を感じる」
「特定の情報に引っ張られ、気にしている」

このような、**固定観念や先入観によるネック**は手ごわいものです。

たとえばあなたが、社内への依頼が多い業務に就いているとして、他部署に協力依頼をしたとき、その場で渋々と「……またですか。わかりました。対応します」という返事をもらったら、「また」という台詞から相手の後ろ向きな気配を感じるのではないでしょうか。今回の依頼は「過去のお願い」とは事情が異なっていたとしても、ひとくくりにしたネガティブな反応があるとやりづらいですね。

また、社外でも「思い込みの壁」はあります。お客様に営業の提案をしたときに出てくる「以前同じようなことを試みたがうまくいかなかった」などは比較的、登場頻度が多い断り文句です。

「思い込みの壁」が出てきた場合は、**具体的に影響を与えている情報を深く掘り下げていく必要**があります。その際には、**相手の思考や認識に対する「リフレーミング」**が効果的です。リフレーミングとは、ある枠組み（フレーム）で捉えられている物事について、違う枠組みで見ることです。

どうやってリフレーミングするかについては、7章「思い込みを外す力」で詳しくご説明します。

割に合わないので動きたくない「損得勘定の壁」

さて、4つ目の壁は「損得勘定の壁」です。

「損をするのは避けたい」

「いまの選択肢が気に入っているので手放したくない」

「ほかの選択肢のほうが魅力的」

このような損得勘定に対しては、場当たり的に強引な説得をしても、なかなか前に進みません。動かない理由が、一見すると論理的なものだからです。

特に、社内外との交渉やお客様への提案においては、条件のやり取りをする中で、結論次第によって双方の損得が大きく動きます。気持ちよく動いてもらうために、損得勘定の壁を乗り越える「落としどころ」が切実な問題として迫ってきます。


メリットやデメリットについては、相手が具体的にどう認識しているのかを引き出し切る必要があります。こちらから一方的なメリットのプレゼンをするだけでなく、相手が感じているメリット・デメリットをしっかりとヒアリングしましょう。そのうえで、**選択肢や判断基準に影響を与えるディスカッション**ができるかどうかが重要です。どうやって意思決定の軸に影響を与えるかについては、8章「軸を動かす力」で詳しくご説明します。

さて、ここまで4つの壁について説明してきました。それぞれの壁を乗り越えるスキルを学ぶ前に、おさえておくべきひとつの前提があります。

それは、**一方的にこちらが伝える時間が長いと、どうしても「競い争う」展開になってしまいやすい**ということです。**相手と「双方向のやり取り」が成り立って初めて、共に創るディスカッションができます。**

そこで、「4つの壁の乗り越え方」をお伝えする前に、次章で「双方向のコミュニケーションをどう段取りするか」を学んでいきましょう。

4章

スキル②

段取りする力

「時間軸×発言量」で双方向のコミュニケーションを設計する

双方向な場をつくる3つのポイント

「段取りする力」とは、相手の発言を引き出して双方向に進めながら、場の目的を達成するために、資料やアジェンダの組み立てに落とし込むスキルです。

まずは左頁の図をご覧ください。「時間軸×相手の発言量」で軸を縦横に取っています。横軸は、コミュニケーションの時間の流れを指しています。左から右へ行くにつれて、場が進行しているということです。縦軸は相手の発言量です。下に行けば行くほど、相手の発言量が会話において増えているということです。濃い色で塗りつぶされた面積が大きければ、相手の話している割合が増えているということになります。

コミュニケーションを双方向にするうえで留意すべきポイントは3つあります。

■ 双方向な場をつくる3つのポイント

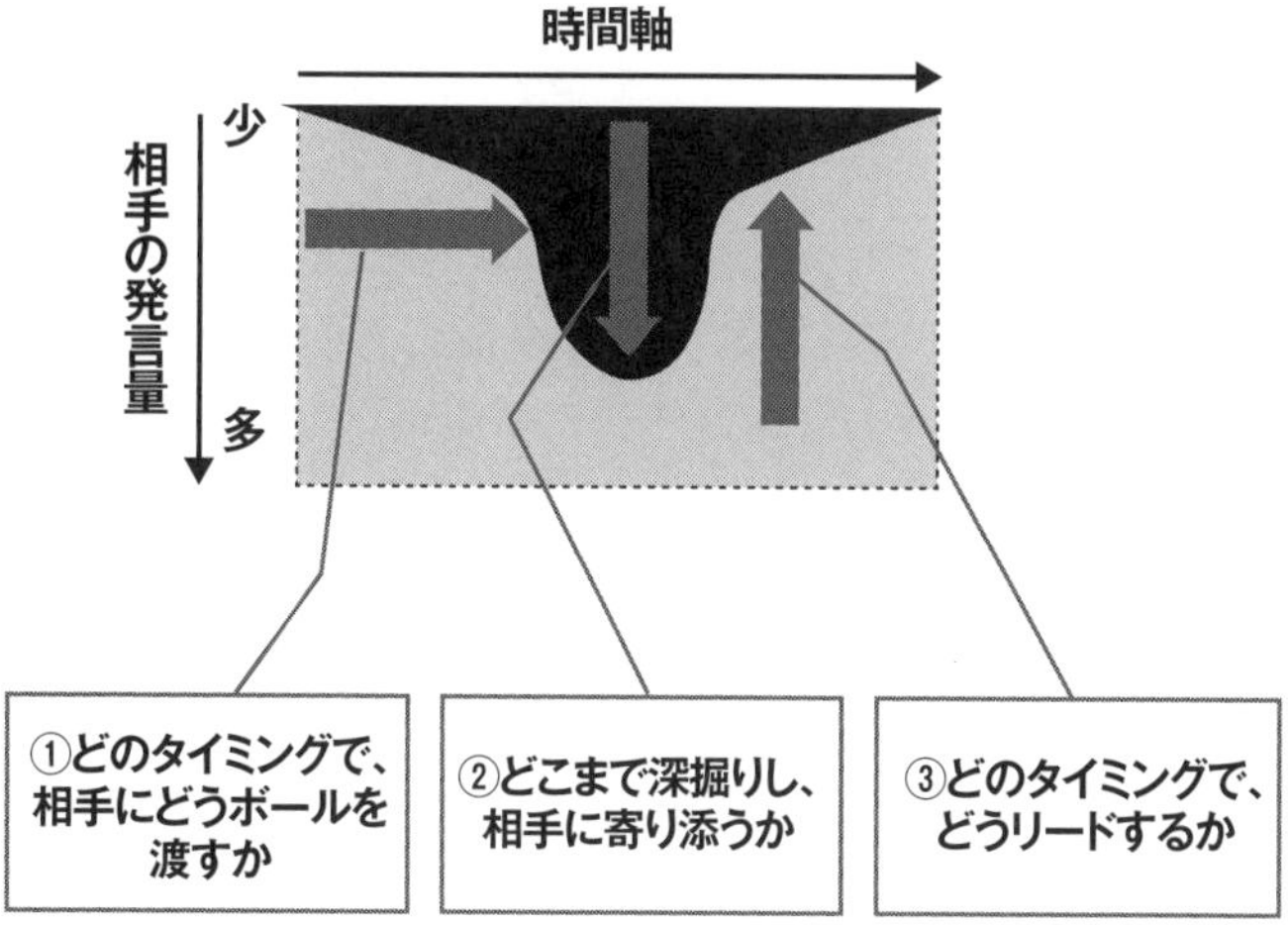
時間軸
相手の発言量
少
多
①どのタイミングで、相手にどうボールを渡すか
②どこまで深掘りし、相手に寄り添うか
③どのタイミングで、どうリードするか

①どのタイミングで、相手にどうボールを渡すか

双方向にコミュニケーションを進めるためには、自分が発言のボールを持ちすぎないことが重要です。特に、冒頭で自分がボールを持つ時間が長すぎると、一方的な説得モードになってしまいます。とはいえ、いきなり最初から相手に「どう思いますか？」と聞いても、予備情報がなければ単なる丸投げです。このあたりのさじ加減がポイントです。

②どこまで深掘りし、相手に寄り添うか

相手に発言のボールを渡したあと、どこまで話を深掘りして耳を傾けるかというのが2番目のポイントです。相手に話を振ったはいいものの、発言を深掘りせず、またすぐ自分の発言に戻ると、「とりあえず、かたちとして聞いただけ（本気で聞く気はない）」というサインになってしまいます。

③どのタイミングで、どうリードするか

相手の発言を深掘りして、話してもらう割合が増えてくると、自分がどこで介入して話の主導権を取り戻すか迷うことがあります。特に、社外の打ち合わせや商談など、時間が限られた場面のコミュニケーションにおいては、終了時間がくる前に「話を収束させる」タイミングをうまく見極める必要があります。

コミュニケーションを双方向にするためには、これら3つのポイントを考えて設計することが必要です。たとえば、**全体の時間配分を見繕ったうえで、資料をどう準備するか、自分がどのぐらい話してから相手に発言のボールを渡すか**を考えるといった準備がそれに当たります。また、**相手の発言に耳を傾けながらも、終盤でどうたたんでいくか**をイメージしておかないと、最後のほうで議論がグダグダになってしまう可能性があるので要注意です。

■場の進行にもパターンがある

「双方向な場をつくる3つのポイント」に関する場の仕切り方次第で、展開がいろいろと変わってきます。ここでは5つのパターンを挙げてみます（120頁の図参照）。

「度重なる指摘にもかかわらず、なかなか行動が改善されないメンバーに対して、マネジャーが指導する」という場面を例にとって考えてみましょう。

(A) 相手に発言のボールをほとんど渡さない

指導するコミュニケーションにおいて、メンバーは言葉を発さず、マネジャーがひたすら話していると、「ただのお説教」になります。

これは、一方的に自分が話してしまい、途中で相手に発言のボールをほとんど渡さないパターンです。当然ながら、相手の納得度は上がりません。メンバーが話してくれる関係を構築できなかった場合も同様です。

■ 場の進行パターン

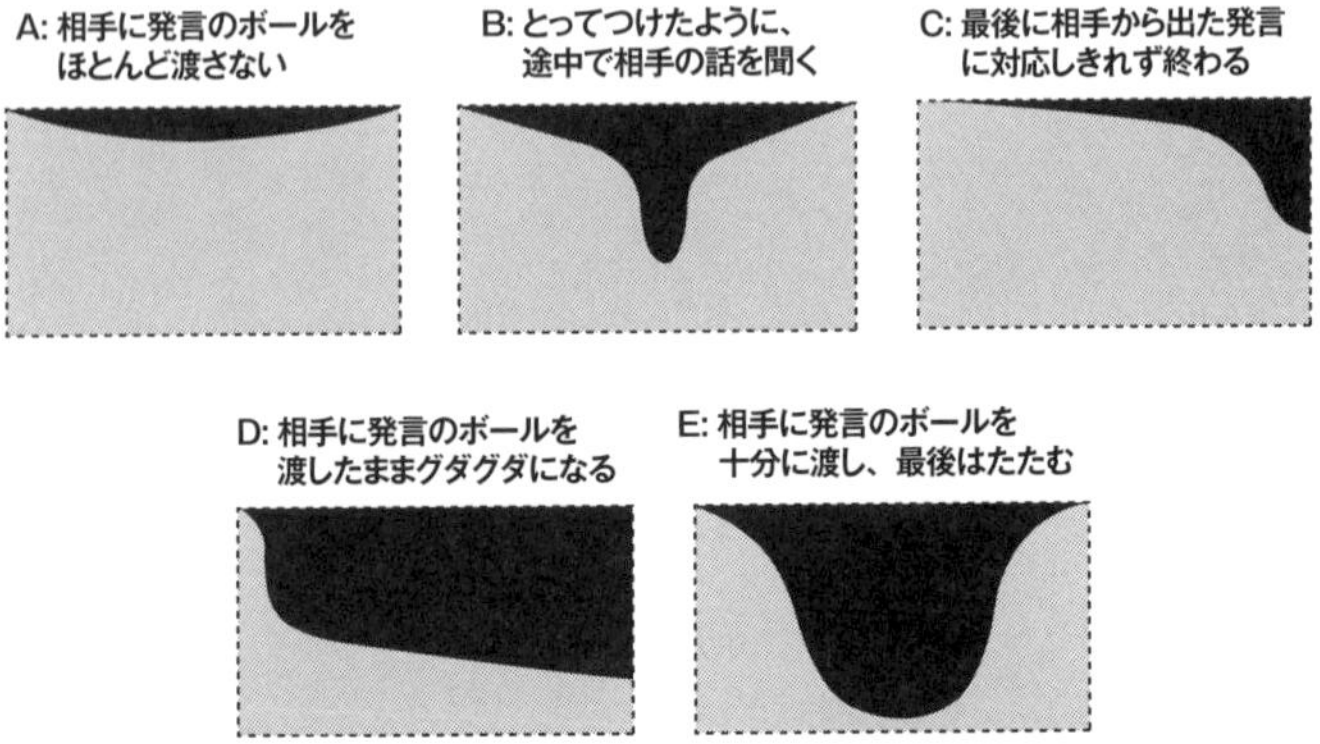
A: 相手に発言のボールを
ほとんど渡さない
B: とってつけたように、
途中で相手の話を聞く
C: 最後に相手から出た発言
に対応しきれず終わる
D: 相手に発言のボールを
渡したままグダグダになる
E: 相手に発言のボールを
十分に渡し、最後はたたむ

（B）とってつけたように、途中で相手の話を聞く

指導の途中で「君はどう思う？」とコメントを求めるものの、その返答を丁寧に掘り下げることなく、時間の大半はマネジャーが一方的に話しているケースが見受けられます。

途中で相手の話を聞こうと発言のボールを渡しても、すぐ自分に主導権を戻してそのまま最後まで進行するとこのパターンです。相手の発言に耳は傾けていますが、相手からすると、汲み取ってもらっているという意識は薄くなります。

(C) 最後に相手から出た発言に対応しきれず終わる

マネジャーがずっと一方的に話していて、最後に「ここまでのところについて、どう思う?」と話を振ったら、終盤で想定外の情報が出てくることがあります。「実は、いままで言えなかったのですが、体調がここのところずっと悪くて……」という発言が最後に飛び出し、マネジャーも「え、そんなことがあったの?」とリアクションするも、そこで時間切れとなったら、お互いにとって消化不良です。

途中までずっと一方的に話して、最後のほうで相手から出た発言へのリアクションをうまく収束しきれずに終わってしまうのがこのパターンです。

(D) 相手に発言のボールを渡したままグダグダになる

マネジャーがメンバーの考えていることをじっくり聞こうと、最初のほうに話を振ったら、そこから延々とメンバーの愚痴や言い訳が続いてしまい、結局それだけで時間が終わってしまうこともあります。

相手に発言のボールを渡したまま、自らが主導権を取り戻さないままに時間が最後まで経過してしまうとこのパターンです。全体的にグダグダとした展開になります。

（E）相手に発言のボールを十分に渡し、最後はたたむ

いきなり説教モードから入るのではなく、まず、メンバーがどう考えているかをじっくり聴き、発言に耳を傾けたうえで、最後は自分のメッセージに結びつけるような進行であればこのパターンです。

早めのタイミングで相手に発言のボールを渡すと、相手は安心してたくさん話すことができます。これによって熱量が上がりますし、こちらも相手のことを深く理解できます。ただ、ずっと相手が話しているだけでは、議論の落としどころが見えないため、後半には再び自分がリードすることによって収束させるという進行です。

一見すると、Eのパターンが理想のように思えますが、「相手に十分話してもらって、そのうえで最後にきちんとディスカッションを収束させる」のはそう簡単なことではありません。相手の発言をひたすら聴いたあと、ちょうどよいタイミングで議論をまとめるのには、時間や進行に対する「ヨミ」がある程度必要です。

そこでおすすめなのは、**「いったん中間段階で軽くまとめる」ということをあらかじめ**

決めておき、「前半はなるべく相手に話してもらい、後半でポイントを絞って議論する」という2段階の進行にすることです。

中間段階で軽くまとめると先に決めておけば、そこまではめいっぱい深掘りをして、相手の発言を引き出すことに集中できます。次で具体的にご説明します。

ディスカッションを「2つのステージ」に分けて設計する

「段取りする力」において重要となる、ディスカッションを2段階の進行で設計するやり方についてご紹介します。

これは、縦軸に相手の発言量、横軸に時間の流れを取ると、「W字型」で仕切るということになります（124頁の図参照）。先ほどの「メンバーに対してマネジャーが改善指導をする」場面をW字型で進行すると、このような流れです。

まず、マネジャーがくどくどと説教するモードにならず、「最近、ミスが続いているか

■ ２つのステージに分けて、「Ｗ字型」に場を仕切る

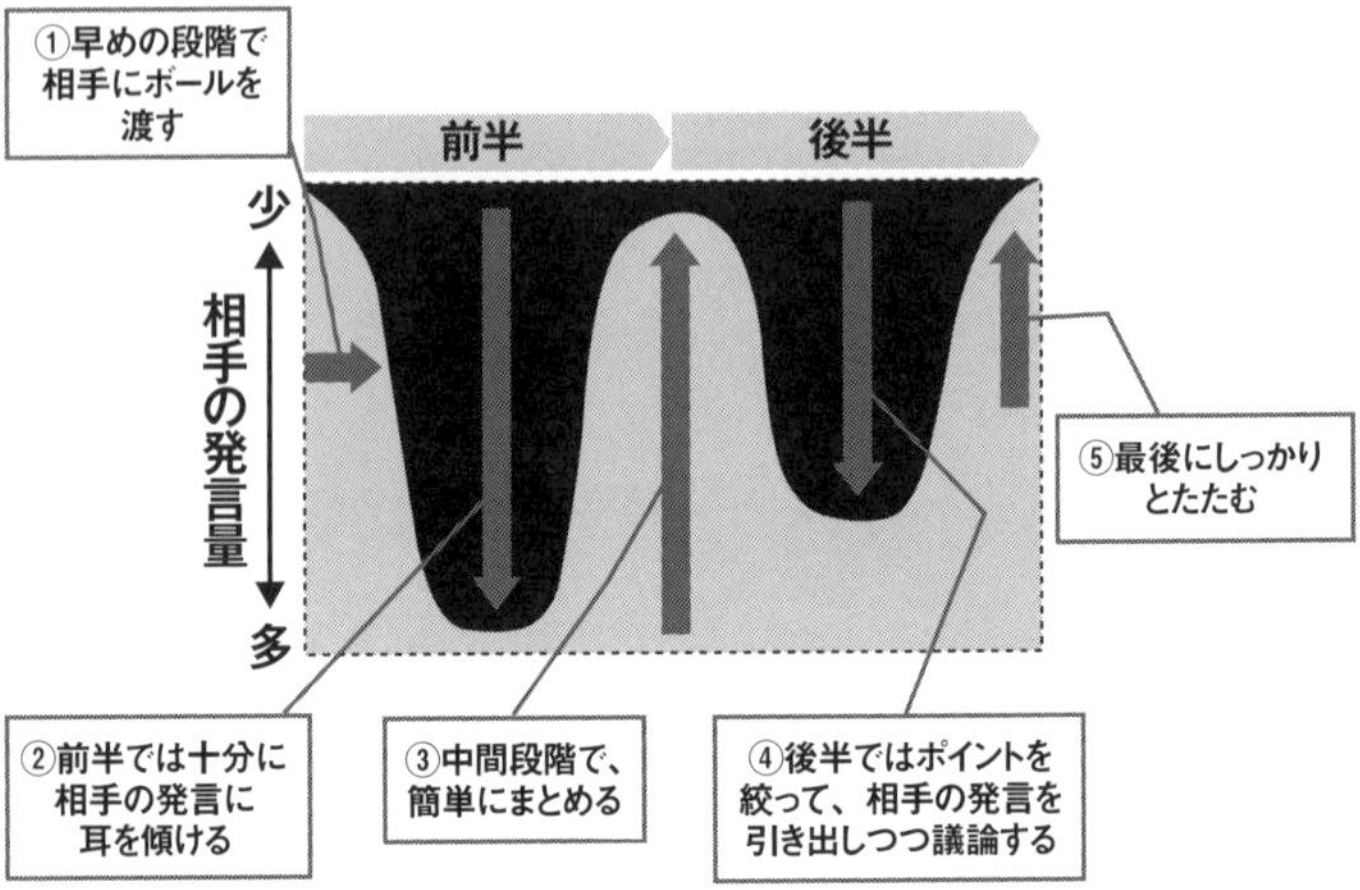
①早めの段階で相手にボールを渡す
前半
後半
少
相手の発言量
多
⑤最後にしっかりとたたむ
②前半では十分に相手の発言に耳を傾ける
③中間段階で、簡単にまとめる
④後半ではポイントを絞って、相手の発言を引き出しつつ議論する

ら、その件について話をしようか」と趣旨を説明したら、メンバーへ早々に話を振ります。たとえば、**「状況を正しく理解したいので、普段どういう手順でやっているか、順を追って教えてもらえるかな？」**のような投げかけをするわけです（①）。

ここでは、「詰める」トーンにならないよう注意し、起こった事実とメンバーの認識をじっくりと確認していきます。**「そこは、PC上で具体的にどういう操作をしているの？」**といった台詞になるでしょう（②）。

もしかしたら、マネジャーが「単なる注意不足、怠慢じゃないか」と思っていても、メンバーに話を聞いてみたら、また違う事

実が見えてくるかもしれません。メンバーの話にじっくりと耳を傾けたら、中間段階でいったん話の内容を整理します。「なるほど、**ここまでを簡単にまとめると、ポイントは2つあって**、忙しすぎてキャパシティオーバーになっていることと、相談の仕方がわからなかったということだね」といった具合です（③）。

そうすると、後半に向けて、ポイントを絞った議論ができます。**「忙しさの問題」と「相談の仕方」について、優先順位を明確にしながら**問題解決していきます（④）。

ここまで話した内容を、「行動を具体的にどう変えていくか」のアクションプランに落とし込んで、最後にまとめます。「タイムマネジメントのやり方については、私がいくつかアドバイスしたことをたたき台に、どう改善するかを自分で決めてメールで送ってほしい。**1週間後、新しいやり方を試してみてどうだったかをもう一度話そうか**」のような締めくくりです（⑤）。

この「W字型の進行」について、改めてポイントを整理します。

前半では、なるべく早めに相手へボールを渡して、相手の発言を引き出します。中間地点で一度簡単な「まとめ」をすると決めておくことで、前半は落としどころを気にせず、相手の理解に集中できます。そして、中間地点で簡単にまとめたあと、後半に向けて議論の焦点を明確にし、改めて相手に話のボールを渡すのです。

いったん途中でまとめることにより、議論の流れは双方にとって見えやすくなります。また、前半はある程度は拡散的に進める一方で、後半はピンポイントで論点を明確にするので、ディスカッションの成果物がわかりやすいというメリットもあります。

この場合、前半と後半とで、「相手の発言量」に少し違いがあります。前半は、相手の発言を引き出すことに集中しますが、後半においては、論点が明確になっているので、こちらから提示する情報もあります。

ここまで、「メンバー指導」を例にとって説明しました。社外とのやり取りや、社内でもフォーマル度が高い場では、資料とアジェンダを用意することもあるでしょう。そのようなときは、資料の構成やアジェンダの時間割を2段階に組んでおく必要があります。

資料とアジェンダを2段構えで準備する

初期情報と追加情報をどう考えるか

フォーマル度が高い場で、2つのステージに分けたW字型の進行をするには、資料をどう準備すべきでしょうか。

W字型に仕切る場で用意する資料については、**ディスカッションの前半・後半に合わせて、「初期情報」と「追加情報」のように分けておく**ことをおすすめします。初期情報は最低限、相手との会話がスタートするのに必要な材料です。追加情報は、壁を乗り越えて合意に至るために、何かしら相手の考えに影響を与えるような材料です。

128頁の図は、2章でご紹介した「上司への承認依頼」「お客様への提案」のケースについて、資料の準備の仕方を例示したものです。「相手に発言のボールを渡す」という

■ 初期情報と追加情報をどう段取りするか

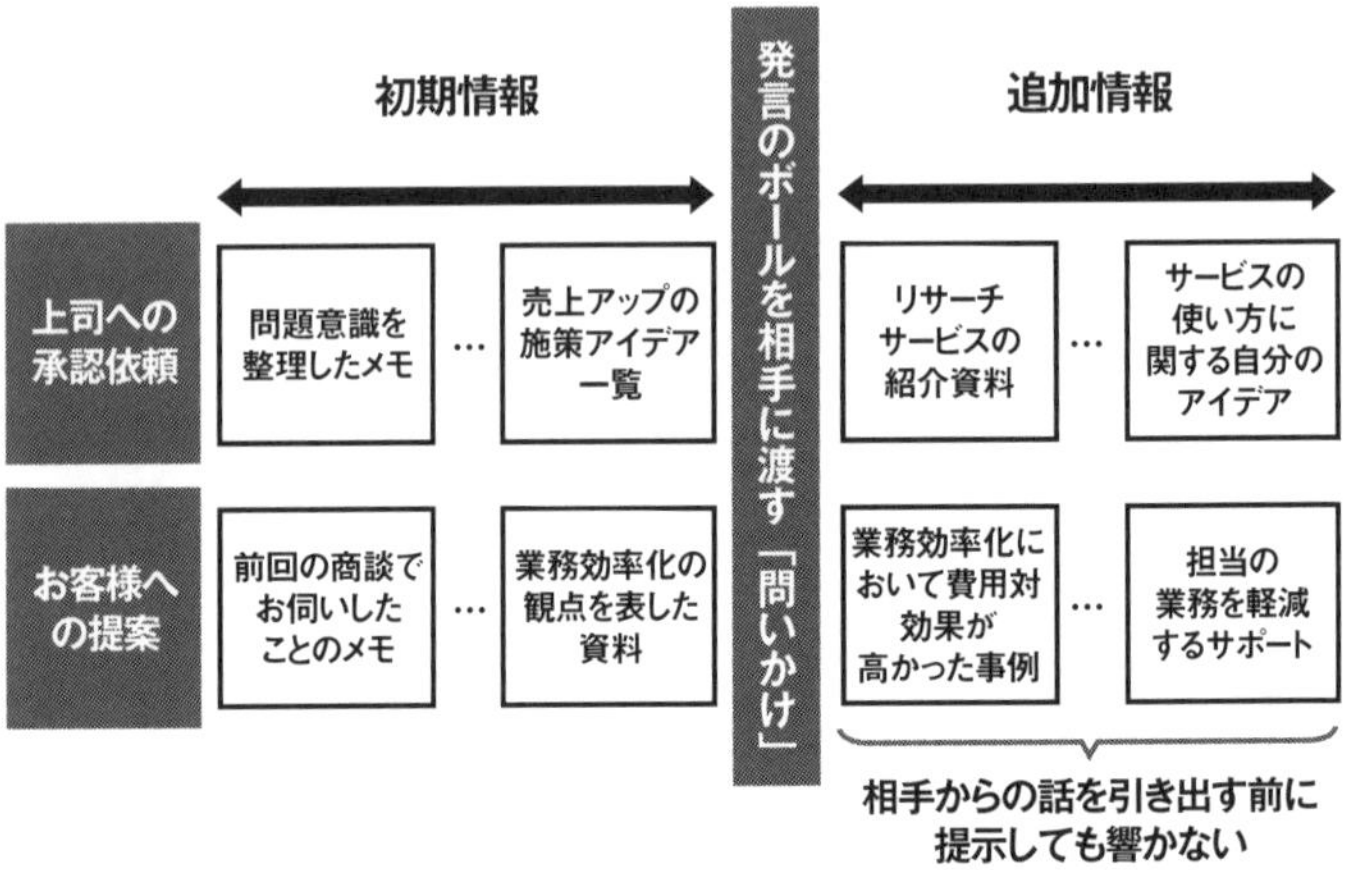

行為をひとつの境界線にして、資料を出すタイミングを検討します。

まず、相手に会話のボールを渡すのに必要となる前提の情報は、「初期情報」に含めておく必要があります。いきなりなんの情報も出さずに「ご意見を聞かせてください」「あなたの考えはどうですか」と投げかけても、相手はなんの観点から話していいかがわかりません。また、その場に臨むにあたり、こちら側が何の準備もしていないと相手に思われてしまっては、相手からしても歩み寄る心境にはなりません。したがって、ある程度の準備をしたうえで臨んでいるという姿勢を示しておくことは必要です。

初期情報を見せたあと、相手に対して発言のボールを渡す「問いかけ」をします。この問いかけを起点に、双方向の会話のキャッチボールに移ります。そこで相手からの発言を引き出し、深掘りしながら「新しい情報を追加」するポイントを探っていきます。

壁を乗り越えるために鍵となるアイデアは、後半に提示するために、「追加情報」という位置づけで残しておきます。どんなに強力な情報であっても、受け入れる準備ができていない相手に出したところで響きません。

「初期情報」と「追加情報」の境界線は、**迷ったら「少なめに出しておく」「相手の様子を見て必要な情報を出す」**のようにしておきましょう。

初期情報と追加情報のバランスを考える

初期情報と追加情報の境界線について、ここでは、次の4段階に分けて考えてみましょう。

①相手のことがほとんどわからない

まず、相手のことがほとんどわからず、こちらの意向をぶつけても反応がどうなるか読めないときは、初期情報の割合を少なくしておき、様子を見ます。**資料のボリュームを10とすると初期情報は2割程度にしておき、追加情報を8割で準備しておく**というイメージです。

追加情報に行く前に、まずは最低限の情報を出したうえで、反応を見てみましょう。もしここで初期情報の割合が多すぎると、相手のことがわからない状態で、後にいろいろな断り文句や保留の材料となる情報を増やしてしまうことになります。そうすると、たくさんの情報をぶつけても、「考えておきます」と保留されて終わりになってしまいます。

人は、不安なときほど、多くの情報を先に出してしまいがちです。むしろ逆に、相手のことがわからずに不安が大きいときこそ、初期情報を最小限にしておくべきなのです。

②想定される「壁」がある程度見えている

相手が難色を示すポイントがある程度想定できており、議論を進行できる算段があるときは、初期情報が少し増え、**初期情報5割、追加情報5割**になります。3章「想定する力」でご紹介した「ゴール・壁・対応策」について、どんな疑問や反論がくるのかはある程度想定できているときがこのケースです。

初期情報が増えることで、相手と認識を揃えて議論しやすくなります。途中で相手の反応が後ろ向きになったとき、追加情報は余裕を持って残しておくことが必要です。

③合意に至るまでの道筋が概ね描けている

ディスカッションの前に、合意に至る道筋が概ね描けているときは、こちらがまずひと通り説明することを求められているケースが大半でしょう。しかし、そのようなときでもすべてを初期情報にしてしまうのではなく、**追加情報としてのＦＡＱ（Frequently Asked Questions）を用意しておく**という方法があります。ＦＡＱは、想定される質問への回答リストです。

たとえば上司から報告を求められたり、社内でまず説明してくれと言われたりした場合を考えてみましょう。特に上位役職者は忙しく、前の打ち合わせから頭が完全に切り替わっていないことがあります。そんなとき、「とりあえずひと通り話してくれないか」と促されるときは注意が必要です。相手の頭の中がわからない状態で、最後まで話して判断を委ねようとすると、その場で判断できずに持ち帰られてしまうことがあるからです。

そこで、**あえて2割ほどを追加材料としてFAQのかたちで残しておく**のです。これによって、会話のキャッチボールをしながら、要所で「響く情報」をぶつけることができます。こちらが考え尽くしたうえで、想定されるリスクや課題に対して備えて来ていることを感じてもらうために、FAQの作成はおすすめです。

④反対される懸念がない

相手の判断基準を完全にわかっており、反対される懸念がゼロのときは、まどろっこしくないほうが望ましいでしょう。そんなときは**初期情報10割でOKです**。これはもうすでに内諾を得ている形式的な報告ですね。

一見して相手がOKしてくれそうでも、難色を示されたり保留されたりする可能性があるときは、③のケースと判断し、FAQを追加情報として取っておくのが無難です。

資料を準備するときのコツ

「初期情報」と「追加情報」を分けておきましょうとお話しすると、**「初期情報と追加情報とで、資料を別にしておいたほうがよいか」**という質問をよくいただきます。具体的には、電子ファイルは初期情報と追加情報とで分けておくのか。ペーパーで配布する資料は分けるのか、といった疑問です。

できれば分けておくとわかりやすいですが、分けると煩雑になってしまう場合はひとまとめにしておいても構いません。段取りの進行として、資料を一気に最後まで説明するのではなく、途中で相手に会話のボールを渡せばよいのです。

その場合、「何ページ目までは初期情報」「何ページから後ろは追加情報」というふうに、**ひとつのファイルをページ数で区切って、自分の中で位置づけを明確にしておきましょう。**オンライン商談で画面共有をするときは、「このページに来たらいったん自分の説明を止めて、相手に発言のボールを投げよう」といったように決めておくのです。

ペーパーの資料はひとつの冊子として綴じておく一方で、目次や小見出し、ふせんなどによって「ここから先は違う情報です」という目安をつけておくとよいでしょう。

ただ、資料をあらかじめ電子ファイルで送っておく場合や、打ち合わせの場で紙の資料を配布する場合、相手が手元でどんどん読み進めてしまうのを防ぎたいときがあります。**切り札として取っておきたい追加情報をどうしても先に見られたくなければ、ファイルや資料を物理的に分けておきましょう。**

電子ファイルをあらかじめメールで相手に送るときは、初期情報だけ先に送っておき、追加情報は、必要に応じて画面投影で見せたり、打ち合わせの場で送信したりします。対面打ち合わせでも、資料を分けて印刷しておき、いきなり全部を配らないようにすることで、情報を出すタイミングをコントロールできます。

場の時間配分も2つのステージで考える

打ち合わせの準備をするうえでは、2つのステージに分けたW字型の進行をイメージしながら時間配分を段取りしましょう。

時間が仮に15分・30分・60分・90分だったら、それぞれどう配分するかのサンプルをつくってみました（左図参照）。

時間配分の段取り

	前半		後半	
	イントロダクション	深掘り（意見交換）	中間まとめ＋個別議論	ネクストステップ確認
15分	2分	5分	5分	3分
30分	5分	10分	10分	5分
60分	5分	25分	20分	10分
90分	10分	35分	30分	15分

図の横軸は、時間に関する考え方です。

前半については、「イントロダクション」と「深掘り（意見交換）」に分けています。**イントロダクションは、場の進行について最初に確認しつつ、初期情報を出す時間**です。**深掘り（意見交換）は、相手からの意見を十分にヒアリングする時間**です。

そして後半は、「中間まとめ＋個別議論」と「ネクストステップ確認」とに分けています。**中間まとめ＋個別議論の時間では、前半の内容を簡単にまとめたあと、特に意見の相違について踏み込んで話す**ことになります。**ネクストステップの確認にある程度の時間を残しておく**ことで、しっかりとディスカッションを収束させることができます。

図の時間配分については、下記のような考え方に基づいて振り分けました。

○全体を、前半：後半＝50％：50％となるように分ける
○「イントロダクション」をなるべく短く抑える
○「ネクストステップ確認」を最低限確保する
○残りは、「深掘り（意見交換）」と「中間まとめ＋個別議論」になるべく時間をかける

「イントロダクション」で自分の意向を伝える時間が長すぎると、相手の熱量が落ちやすくなります。また、「ネクストステップ確認」のために、ある程度の余力を残しておきましょう。収束させるのに最低限の時間が必要です。そして、**可能な限りの時間を「深掘り（意見交換）」と「中間まとめ＋個別議論」に割り振ることで、場が活性化**します。

資料と時間配分を「アジェンダ」に対応させる

資料や時間配分をアジェンダと対応させておくことは重要です。アジェンダを事前に示すことで、論点を明確にし、参加者の目線が合った状態で場をスタートすることができます。

アジェンダをつくる際には、**「初期情報と追加情報の使いどころ」「時間配分」**という2つの要素を意識しておきましょう。「ここまではたたき台を用意してきていますが、ここから先は議論させてください」のように、資料とアジェンダが対応していると、相手にとっても違和感なく進められます。

どのくらいきちんとアジェンダを用意するかは、場のフォーマル度によって変わります。社外の相手との打ち合わせなら、アジェンダはあったほうがよいでしょう。お客様との商談であれば、項目と時間配分のイメージが次のように明示されていると理想的です。

①前回の内容確認（5分）
②貴社の現状お伺い（25分）

③業務効率化に関する議論（20分）
④今後に向けて（10分）

資料との対応でいえば、**①で初期情報を簡単に説明し、追加情報は③で必要に応じて出す**、ということになります。

社内の打ち合わせでも、時間が長い会議や、参加者が多い会議では、アジェンダが事前に示されていたほうが望ましいでしょう。

場が始まったらすぐ「双方向」に展開する

■早めに発言のボールを相手へ渡すことが重要

双方向な場をつくるためには、「開始直後の数分間」が重要です。こちらが一方的に話す雰囲気が最初から漂っていると、相手は「自分が発言する場ではないのだろう」と解釈して、様子見を決め込んでしまうことがあります。

「場」が始まったら、初期情報を出したあとに、発言のボールを相手に渡すタイミングを見極めましょう。その際に重要な3つの観点があります。

1つ目は、安心して発言できる「**心理的安全性**」です。

発言のボールを渡しても、相手に対して即座に反論してしまったり、途中でさえぎってしまったりすると、相手は安心して発言することができません。安心して発言できると相手が思える状態をつくり、この場は説得や誘導尋問のためではないと感じてもらうことが大事です。そのためには、相手を理解したいという意思を、きちんと言葉にして伝えてもよいでしょう。

2つ目は、**「何について発言をすればよいかの具体的な観点を定めること」**です。「とりあえず○○さんのご意見を聞かせていただけますか」といった曖昧な質問だと、相手は何から話していいのかがわかりません。そこで、具体的にどんな観点からコメントがほしいのかを、こちら側から示すことが重要です。そのためには、「問いかけ」自体の準備も大事ですし、きちんと備えをしたうえでの質問であることを相手に伝えておきたいところです。たとえば、「前回の発言にあった○○の件、あれから私も少し考えてみたのですが……」のような言い回しがあるとよいでしょう。

3つ目は**「唐突さを感じさせない『間』でボールを渡すこと」**です。初期情報の資料から自然な流れでつながっており、アジェンダに合致していれば、違和感なく相手が発言に入っていけます。たとえば、2章のケーススタディで示したように、業務効率化に関する資料を簡単に説明したうえで「山田さんの仕事で特に効率化したいことは何ですか」と問いかけるのは自然な流れです。

これら3つの観点を意識して、うまく相手の発言につなげていきましょう。

相手が話しやすくなる、枕詞を使った「問いかけ」

発言のボールを相手に渡すうえでは、問いかけに使う「枕詞」が有効です。発言のボールを相手に渡すタイミングが難しく感じたときでも、枕詞が使えると、自分が切り出す際のハードルを下げることができます。

たとえば、「**状況を説明する枕詞**」として、相手とのあいだにある状況をいったん話題の引き合いに出すことで発言を促すやり方があります。「前回の発言にあった○○の件……」というのは、「過去の発言を踏まえたうえでこの場に臨んでいる」というメッセージです。このような言葉がひと言挟まれることで、スムーズにボールが相手に渡ります。

また、「**前提を変更する枕詞**」というのは、自分の意見を差し控えるタイプの相手や、駆け引きが発生する場面において有効です。「もし仮に……」と前提を変えることで、考えの制約条件を外すことができます。また、組織への影響を気にして本音を言ってくれない相手に対して「あくまで○○さんの個人的なご意見で構いませんので……」のようにひと言添えることで、相手は発言しやすくなります。

さらに、「**質問理由を伝える枕詞**」もあります。これは、「なぜそんな質問をしてくるのか」を相手が疑問に持たないよう、質問をする理由を明示するということです。たとえば「一方的にお話ししすぎてはいけないので、ひとつ伺ってもよろしいでしょうか」と言われれば、発言のバランスに気をつけているという姿勢が相手に伝わります。

枕詞には、自分の発言するハードルを下げてくれるという守りの側面もあれば、デリケートなところに切り込んでいくという攻めの側面もあります。なかなか普段だと聞けないようなことでも、枕詞を使うことで質問しやすくなります。

枕詞を使った問いかけを「段取りする力」の章に入れているのには理由があります。

それは、場の準備を段取りする際に、「相手にいかに気持ちよく会話のボールを渡すか」までをイメージしておくことがとても重要だからです。

それでは、双方向になった場からどう展開していくかを、次の5章「理解を深める力」でご説明します。

5章

スキル③

理解を深める力

よりよい関係をつくるために「深く聴く」

まずは相手のことを理解する

場が双方向になったら、壁（疑問・反論）を乗り越えることを考えていきます。
「関係性の壁」（気を許していないので動きたくない）があるとき、相手を十分に理解することが、気持ちよく動いてもらうためのポイントになります。**「理解を深める力」とは、お互いの理解を通じて相手との関係を深めていくスキル**です。

関係性の壁を乗り越えるうえでは、相手との相互理解における「深さ」が重要になります。そのためには、まずはこちらから耳を傾け、相手のことを理解すべきです。どのぐらいまで理解する必要があるかというと、**「自分のことをわかってくれている」と相手が感じてくれるかどうか**がひとつの目安です。

以前、会社の予算で購買した経験がある300人に対して、当社でアンケート調査をしました。その中に、「過去に出会った中で、最高だと感じた営業担当者の特徴をできるだけ具体的に教えてください」という設問があります。

一番多かったのは「わかってくれる・意図を把握してくれる」という回答でした。営業にとって大事そうな「提案力」「スピード」「誠実さ・正直さ」「臨機応変さ」「豊富な知識」、これらいずれの項目をも抑えてトップに挙がったのです。相手を理解することが、対人コミュニケーションにおいてどれほど効果的かを端的に示した調査結果です。

相手を理解することの重要性は、営業におけるお客様との関係に限った話ではありません。有名なビジネス書である『7つの習慣』（キングベアー出版）でも、「まず理解に徹し、そして理解される」という原則が紹介されています。

「わかってくれている」と相手に感じてもらった状態がつくれると、関係性が変わってきます。人は誰しも、自分のことを理解してもらいたいと思っています。先に「相手を理解する」からこそ、相手が動いてくれるようになります。そのためには、「丁寧に聴く」ことが重要です。

アクティブ・リスニングの3要件を満たす

たとえば、こんなケースについて考えてみましょう。

あなたが自分の悩んでいることについて友人に相談したとします。あなたは、この悩みについて、生まれてから数十年にもわたり、ずっと悩み続けてきました。なかなかこの悩みは恥ずかしくて人に言うことはできませんでした。しかし、ひとりで抱えておくのはもう限界だと思ったあなたは、勇気を持って打ち明けました。ずっと悩み続けてきたことを、思い切って話してみたのです。

友人は、仕事がかなり忙しかったこともあるのでしょうが、手元のスマートフォンで慌ただしくメールをチェックしながら、話を聞いてくれています。そして、画面を見ながらひと言、「その悩み、わかるよ」と言いました。あなたはどう感じますか。

かなり極端な例を出しましたが、もしこんな状況だったら、多くの方はショックを受けるのではないでしょうか。もう少し「深い共感」を表現してくれたら、あなたも「話してよかった」と感じるでしょうが、数十年にわたって悩み続けてきたことについて、スマホの画面を見ながら「わかるよ」のひと言で返されては、モヤッとしてしまいます。

丁寧に「聴く」ことに関連の深いキーワードとして、臨床心理学者のカール・ロジャーズが提唱した「**アクティブ・リスニング**」という技法があります。日本語で「積極的傾聴」とも言われます。「自然なかたちで目線を相手と合わせる」「声のトーンを相手の感情や温度感に合わせる」「丁寧にあいづちを打つ」「共感に基づき、相手の発言を繰り返す（あるいは自分なりに言い換える）」などのポイントがあります。

アクティブ・リスニングには、とりわけ大事な3つの要件があります。それは「自己一致」「無条件の肯定的関心」「共感的理解」です。

1つ目の「**自己一致**」は、聞き手の気持ちに嘘がなく純粋な状態を指しています。これは、言葉と様子の矛盾がないということです。

先ほどの例でいうと、「ちゃんと聞くよ」と口では言いつつ上の空な相手より、「いま仕事が大変で、もし緊急の電話があったらごめん。でも、電話がこなければ大丈夫。ちゃんと聞くよ」のように、正直に言ってくれるほうが、人は心を許して話します。

この「自己一致」で傾聴すると、話し手の心が開かれた状態になります。「この人は本音で感じたままに、正直に話してくれている」と感じられる状態ができていれば、心が通ったコミュニケーションができます。

一方、本心では違うことを考えていそうな建前トークや、心ここにあらずといった様子で話しているのは、自己一致が崩れている状態です。また、「お互いにとってよい道を」と言いつつ、自分のメリットしか追いかけていない様子が透けて見えると、相手はあなたの中に「自己一致」を感じにくくなります。

2つ目は「**無条件の肯定的関心**」です。これは、「否定や評価をせずに相手を受け入れる」「相手の存在を尊重し大切にする」という姿勢です。もし自分の意に沿わない情報が出てきても、「ああ、そういうふうに感じているんだな」と受けとめて、丁寧に深掘りをしていく、寄り添うコミュニケーションです。

一方的な説得や論破はこの対極です。たとえば、合意のハードルが非常に高いとき、相手が対決的な雰囲気を醸し出していることがあります。そんなとき、こちらも対決的な反応をして、相手にこちらの正しさを「わからせよう」というスタンスになると、この「無条件の肯定的関心」が失われてしまいます。

先ほどの悩み相談でいえば、「昔から思っていたけれど、君のそういうところはほんとによくないよね」と途中で言われてしまったら、あなたはこれ以上相談しようという意欲を失ってしまうでしょう。

そして、3つ目は「**共感的理解**」です。これは相手と感情を共有し、相手の立場に立って、同じ視点で物事を捉えるということです。

「感情を共有し、同じ視点で物事を捉えてくれているんだな」ということは相手が心で感じる部分です。たとえば「わかります」という相槌ひとつをとっても、「これは本当にわかりますという気持ちから言ってくれているんだな」という場合もあれば、「わかります、わかります」と浅く表面的な反応ということもあるでしょう。スマホをいじりながら相手の話を聞いていては、共感的理解が相手に伝わりませんね。

話し手が「たしかに同じ立場・視点で物事を考えてくれている」と心で感じられるかどうかは、共感的理解においてはとても大切なことです。

特に、自己一致や共感的理解は、相手の発言を丁寧に聴く行為でありながら、自分の内面もある意味でさらけ出すことです。「相手のことを理解し、自分のことをわかってもらう」うえで、アクティブ・リスニングの3要素は相互理解において重要な役割を担っています。

「深く聴く」ことから
お互いに発見が生まれる

▨ソクラテスが問いた「無知の知」

アクティブ・リスニングの3要素を実践しようとすると、「相手をわかったつもりにならない」ことの重要性をひしひしと感じられるのではないでしょうか。わかったつもりになると、とたんに、「純粋に聴く」ことが難しくなります。

有名な哲学者のソクラテスが提唱した「**無知の知**」という概念があります。

『ソクラテスの弁明』（岩波書店）という本には、ソクラテスが、世の中で賢者と言われる人たちを訪ねて「誰が本当の賢者なのか」を探求して回ったときの場面が書かれています。

ソクラテスが気づいたのは、「自分こそが賢い」「私はこういうことをよく知っている」という人ほど、実は物事の本質を捉えていない、ということです。自分自身が「知らない」

ことを自覚しているのが、真の賢者だということです。

対人関係についてここから私たちが学べる教訓は、**「相手について自分はこういうことを知っている・わかっている」という先入観は危険だ**ということです。「自分は相手について理解している」という認識は、実は正しくないかもしれません。また、相手について知っているつもりの情報が、実は間違っているかもしれません。

常に**「自分の知らない何かが他にあるのではないか」**と考え、**自分にまだ見えていないことを真摯に問いかける姿勢があってこそ、相手に対する理解を深めることができる**のです。

たとえば、人事部の採用担当者が、「面接官の人数が足りないから、現場の人たちも面接官として選考を手伝ってほしい」と現場に依頼する場面を考えてみます。現場から「忙しいので、なるべく、面接への参加は最小限に抑えたい」という声が出てきたら、人事部としては、「忙しいことはわかるが、そこをなんとかお願いしたい。なぜなら、採用は会社にとって重要なことだから」とプッシュしがちではないでしょうか。

しかし、現場の「忙しい」について、次の情報を人事部が丁寧に理解したうえで依頼しようとしたらどうなるでしょうか。

○なぜ忙しいのか（背景）
○誰が忙しいのか（対象者）
○何に忙しいのか（対象）
○いつ忙しいのか（時期）
○どのぐらい忙しいのか（量）

これは、相手の逃げ場をなくすという趣旨ではなく、相手の事情を理解したうえで依頼するということです。たとえ社内であっても、相互理解を欠かさないことが、良好な関係につながります。

現場としても、そこまで理解してもらったうえで「それでも大事なことだから」と言われたら、協力しようという気持ちもわいてくるはずです。

▒「何について知らないのか」を5W2Hで考える

相手に対して「わかったつもりにならない」のは、考える訓練をした人でさえ難しく感じるものです。そこで私がおすすめするのは、**5W2Hというチェックポイントで疑いをかけ、相手に対して「理解するための問い」としてぶつけてみる**ことです。

◎Why（なぜ：動機や目的、背景）

動機や目的について「そもそもなんのために」という切り口で相手に訊いてみると、自分が知らなかった背景を理解できることがあります。

◎When（いつ：過去の事実や未来の計画）

相手の経験した過去の出来事には、自分の知らないことが多いはずです。「自分が知らないこと」を問いかけるうえで、過去の事実はとても重要な情報になります。

また、過去とは逆に、予定されている未来の計画について、何か予定があるのかどうかを把握するという観点もあります。

◎Who（誰：登場人物や関係者）

いま、この場にいない関係者について情報を尋ねるという切り口もあります。話題にまだのぼっていない人物にまつわる重要情報があるかもしれません。

◎What（何：テーマやトピック）

「あなた（御社）を理解するために聞いておきたいのですが……」という切り口で、まだ話題に出ていないテーマについて聞くと新しい情報が見えてくることがあります。

◎Where（どこ：場所やエリア）

いま話題に出ているところとは別の場所や、あるいは組織の他部署について尋ねます。たとえば、東日本のことが話題に上がっているときに「西日本ではどうですか」と質問するのがこれに当たります。

◎How（どう：詳細）

具体的な詳細について尋ねるというのは定番の質問アプローチです。「もう少し詳しく」聞くことで、より解像度が上がっていきます。

◎How many / How much（どのくらい：数量や規模）

定量的な情報として、数量や規模を尋ねていくことで、定性的なことだけではつかめなかったイメージがはっきりします。

こんなふうに、5W2Hの観点で探していくことで、「自分が何を知らないか」を手繰り寄せていくヒントになります。

■深掘りすることで相手にも「発見」が生まれる

相手のことをわかったつもりにならず、「自分が何について知らないのか」を探っていくと、あなたの中に「発見」が生まれます。新たな角度から相手を理解することで、改め

■ 深掘りする階層によって反応が変わる

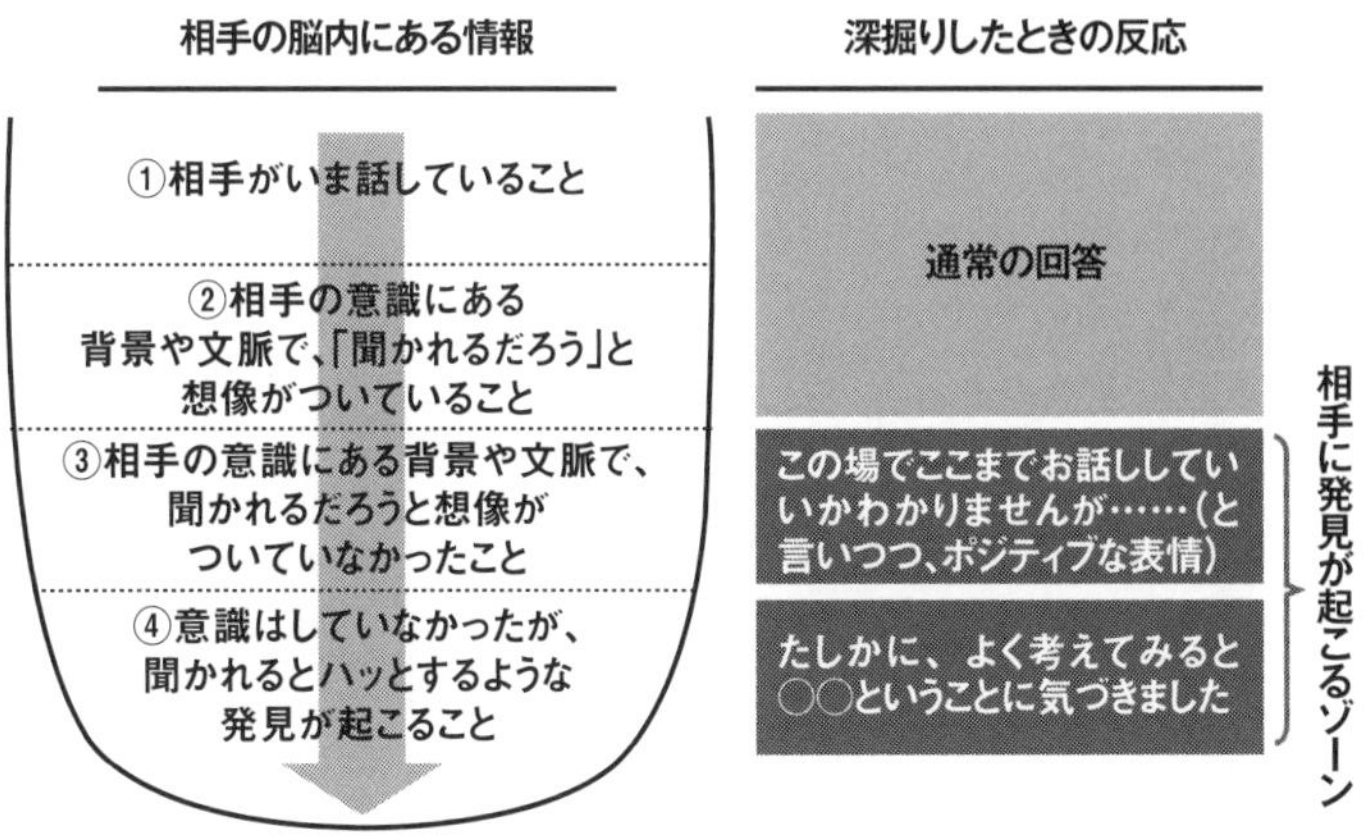
相手の脳内にある情報
①相手がいま話していること
②相手の意識にある
背景や文脈で、「聞かれるだろう」と
想像がついていること
③相手の意識にある背景や文脈で、
聞かれるだろうと想像が
ついていなかったこと
④意識はしていなかったが、
聞かれるとハッとするような
発見が起こること
深掘りしたときの反応
通常の回答
この場でここまでお話ししてい
いかわかりませんが……（と
言いつつ、ポジティブな表情）
たしかに、よく考えてみると
○○ということに気づきました
相手に発見が起こるゾーン

て「そういうことなのか！」という気づきが起こるのです。

実は、深掘りによって発見が起こるのは、自分の側だけではありません。かなり深いところにアクセスする質問は、**質問をされた相手にとっても発見が生まれます（上図参照）**。

相手の脳内に情報の「階層」があるとすると、一番表面的なことは相手がいま話していることです（①）。そのひとつ下の階層には、（いま話していなくとも）相手の意識にある背景や文脈で「聞かれるだろう」と想像していることがあります（②）。

さらにもっと奥深くには、相手の意識に

ある文脈のうち「聞かれるだろう」とは想像していなかったこと、すなわちこの場で話題に出るとは思っていなかった階層があります（③）。そして一番深いところには、相手が意識もしていなかった、聞かれるとハッとするような発見が起こる階層があります（④）。

さて、このような階層がある中で、どこまで深掘りをしたらよいのでしょうか。

「①相手がいま話していること」と「②相手の意識にある背景や文脈で『聞かれるだろう』と想像がついていること」は、質問すれば通常通りの答えが返ってくることでしょう。深掘りによって会話の意味が増すのは、もっと深いところです。

「聞かれるだろう」と想像していなかった階層（③）について質問をしたとき、ポジティブな表情と共に「この場でここまでお話ししていいかわかりませんが……」という反応が返ってくることがあります。

これは「こんなにもあなたが私を理解しようとしてくれるとは思っていなかったので、本来は話す予定ではなかったけれども、あえて伝えます」というニュアンスを含んでいます。**あなたに対する相手の認識が、より好意的な方向に変わっているサイン**です。

たとえばあなたがマネジャーとして、メンバーから仕事の悩みについて相談を受けているとします。そのとき、丁寧に深く「聴く」ことで相手の本音がポロッと出てきて、「マネジャーであるあなたにここまで話していいかわかりませんが……」のように、個人的な感情まで話してくれたらどうでしょうか。

もちろんどこまで踏み込むかは線を引いて考える必要がありますが、「相談しても無駄だ」と思って話してくれないよりは、「こんなことまでちゃんと聴いてくれるなら話してみようかな」と思ってくれたほうが、メンバーの課題を解決するためのより効果的な策を考えられるでしょう。このとき、メンバーの側としても、あなたに対して「親身になってここまで聴いてくれる人なのか」という発見が起こっています。

さらに、**「④意識はしていなかったが、聞かれるとハッとする発見が起こること」の階層に対して深掘りをすると、相手にインパクトの大きい気づきが起こります。**

たとえば、メンバーの側には「やってもどうせ無駄だ」と思い込み、試してみなかったアクションが往々にしてあります。あなたが「それをやってみようと考えたことは、過去になかったのかな？」と質問したら、「そういえば、深く考えてみたことはなかったのですが、実は自分の思い込みで試していなかっただけですね」という反応が返ってきたとします。「たしかによく考えてみると○○ということに気づきました」といったコメントが出てくるときは、深掘り質問によって相手に「今までなかったタイプの気づき」が起こったことを示唆しています。

相手の想像を超える階層（③・④）まで深掘りできると、相手の認識が変わります。相手にとっても、「質問されることから発見が生まれる」のです。

深掘りするときのポイントと注意点

■気になる発言や想定外の反応ほど深掘りすべき

深掘りを試してみた方から、「予想もしなかった反応が出てくると慌ててしまう」という悩みをよく聞きます。場合によっては、頭が真っ白になってしまうこともあるようです。多く見られるのは、想定外の反応が出たときに焦って説得モードになってしまうことです。

しかし、私が申し上げたいのは、**「気になる発言や想定外の反応ほど、説得せずさらに深掘りしたほうがよい」**ということです。

3章「想定する力」で、「最高を望み、最悪に備える」ことの重要性をお伝えしました。準備を入念に行ったうえで、それでも「想定外の反応があった」ということは、何かしら自分のシミュレーションにおいて、捉えきれていなかったずれがあったということになり

■ 裏にある背景を問う「深掘り質問」

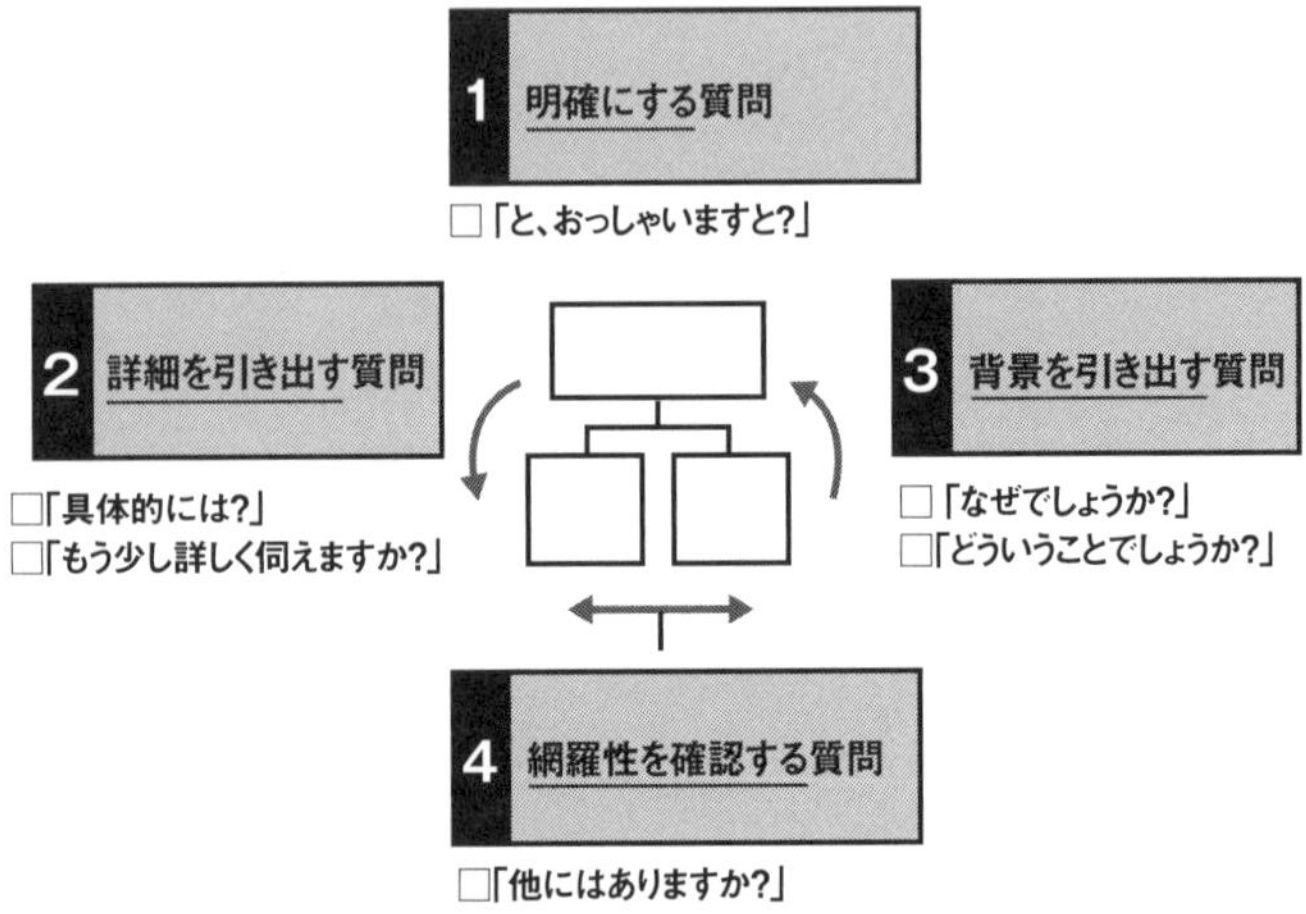

1 明確にする質問
□「と、おっしゃいますと?」
2 詳細を引き出す質問
□「具体的には?」
□「もう少し詳しく伺えますか?」
3 背景を引き出す質問
□「なぜでしょうか?」
□「どういうことでしょうか?」
4 網羅性を確認する質問
□「他にはありますか?」

ます。その「ずれ」は、きちんと理解しておく価値があります。

たとえば予想外のタイミングで相手から「思うところはいろいろありますが……」といった台詞が出たときには、何か胸に秘めているモヤモヤがあったり、あるいは表には出せないけれど個人的にはこう思っていたりするなど、いろいろなことが考えられます。そこで、裏にある背景や個人的な感情について問いかけていくことは非常に有効です。

「深掘りの質問」には4種類あります（上図参照）。

1つ目は**「明確にする質問」**です。具体例としては「……とおっしゃいますと？」のように、おうむ返しのごとく相手にもう1回その言葉を投げ返すというものです。そうすると相手は、いま言ったことについてもう少し明確に言い換えてくれたり、発言の裏側にある真意を話してくれたりします。

2つ目は**「詳細を引き出す質問」**です。情報の構造をピラミッドで捉えると、ピラミッドの下側にある細かい情報を聞く質問です。「具体的には？」「もう少し詳しく伺えますか？」などがあります。

3つ目は**「背景を引き出す質問」**です。情報のピラミッドの構造でいうと、より上に遡っていく質問です。背景や上位概念について問いかけます。「なぜでしょうか？」「どういうことでしょうか？」のように、自分に見えていない文脈や事情を聞きます。

4つ目は**「網羅性を確認する質問」**です。これはピラミッドの構造でいうと、横や隣にあって抜けている情報を聞く質問です。「他にはありますか？」という問いかけによって、まだ自分に見えていない情報を探ることができます。

4種類の質問を使いこなすことで、相手のことをより深く理解できます。これらの深掘り質問のポイントは、言い回しが短くて簡潔なことです。**シンプルな言い回しでボールを**

投げ返すと会話のリズムがよくなります。自分が話しすぎず相手に十分話してもらうことは、双方向の会話において重要です。

常に**「自分は何かが見えていないはずだ。それをちゃんと理解したい」**という気持ちを持って、相手から気になる台詞が出たときには、タイミングよく深掘りの質問を投げかけましょう。

感情混じりの「サイン」が見えたら深掘りのチャンス

深掘り質問のチャンスを的確に捉え、見逃さないために私がおすすめしたいのは、**感情混じりの「サイン」**に注目することです。たとえば、次のようなものです。

①ビジョンや目標の明言

相手がビジョンや目標について強調したときは、踏み込んでもう少し聴いてみましょう。ビジョンや目標というのは、普段頻繁に口にする言葉ではありません。それをわざわざ持ち出してきたのは、相手の側になんらかの事情や情報があるということです。そういう場合、「そのビジョンや目標についてもう少し詳しく伺えますか？」と深掘りすることで、より大事な情報を聞き出すことができます。

②繰り返し出てくる発言

「繰り返し出てくる発言」も深掘りするうえで重要なポイントです。人は無意識のうちに大事なことを繰り返し強調する癖があるものです。繰り返し言うときは、「わかってほしい」という意図や感情が紐付いているはずです。

相手が繰り返してくる発言があったら、「先ほどからおっしゃっている○○という言葉について、どういうことかもう少し伺ってもよいでしょうか？」や、別の角度から「なぜそのようなことをおっしゃるのですか？」のようにあえて尋ねてみましょう。

③理想と現状のギャップ

「理想と現状のギャップ」という切り口もあります。「本来はこうなっていてほしいのに、（不本意ながら）こうなってしまっている」というのは、不満や悩みに関する情報です。「現状がこうなってしまっている」という問題・課題を表す表現には、はがゆい思いが眠っているのです。

④本人と周囲のギャップ

「本人と周囲のギャップ」にも要注意です。相手が、自身と周囲との意見の食い違いについて感情を交えて言及したときです。「なかなかわかってもらえていないのだが……」のような台詞が出てきたら、「それはどういうことでしょうか?」と聞いてみましょう。

人は「わかってほしい」生き物です。理解してくれる相手にはプラスの感情を感じますし、理解されていないときにはマイナスの感情が生まれます。相手が、周囲とのギャップについて感情を交えて話しているときは、隠れた文脈が存在する可能性があります。

以上、ポイントを挙げてきましたが、感情の混じった「サイン」が見えたときは深掘りのチャンスということです。

相手の感情をケアしながら深掘りするコツ

深掘り質問をする際、「あまり深く聞くと相手の感情を害してしまうのではないか」と心配される方がいます。

たしかに、強引に根掘り葉掘り聞くと、印象を悪くするのではという懸念が起こるのは自然なことです。そこで、「相手の感情をケアしながら深掘りするコツ」についてもお伝えしておきます。

①アクティブ・リスニングの姿勢

まず大事なことは、アクティブ・リスニングの姿勢を整え、相手が安心して答えてくれる心理状態になっていることです。

②質問の目的

「質問の目的」が、こちらの意向を通すための誘導尋問ではなく、相手のことをよりよく理解するためであるという意図が伝わっているかどうかも重要です。

結局、自分の言うことを聞かせるために質問をしているのだと相手に感じられては、マイナスな感情を持たれかねません。

③質問の方向性

「質問の方向性」という観点もあります。質問に答えることで相手にメリットがあるかどうかです。誰しも、答えることで不利益が及ぶようなことについてわざわざ答えたいとは思いません。逆に、回答することで自分にいいことが起こる、未来につながるイメージができれば、相手も喜んで答えてくれるでしょう。

④質問のタイミング

「質問のタイミング」というのは、直前の発言に対して文脈がつながっており、答えやすい「間《ま》」が配慮されていることです。相手の言葉を丁寧に拾い、その言葉に対して素直に重ねて聞ければ、タイミングを外してしまうことはありません。一方、突然思い出したかのように、文脈を無視して「……そういえばあのことについて聞きたいのですが」となるときは注意が必要です。

相手はその質問に文脈や意図が見えないと警戒心を抱いてしまいます。少し前まで遡って深掘りの質問をせざるを得ないときは、なぜそれを聞きたいのかという理由を「もしかすると大事なことかもしれませんので……」など、「枕詞」として添えるとよいでしょう。

⑤質問の表現

最後は「質問の表現」です。丁寧で相手を尊重した表現であることです。これは言うまでもなく、相手がポジティブに答えたいと思うような、相手への敬意がある聞き方であることが重要です。

さて、ここまで、相手との関係を築く「理解を深める力」について解説してきました。深掘りができると、たくさんの情報が入ってきます。この情報を単に垂れ流し状態にせず、整理して「見える化する力」について次章で解説します。

6章

見える化する力

スキル④

見える化のインパクト

■「もう少しよく考えたい」にはビジュアルの情報整理が効果的

前の章では相手との関係を築く「理解を深める力」について解説しました。相手から聞いた情報は、わかりやすくビジュアルで整理していきましょう。

「見える化する力」とは、その場に出ている情報をビジュアルで整理して相手と確認することで、場を前進させるスキルです。

相手にとって状況がまだクリアになっていないとき、動いてもらえない原因として「情報整理の壁」が出てきます。

「もう少し自分なりに考えたい」という保留に対して、相手が持ち帰って検討するのを待っていては、動きが止まってしまいます。そこで、2章の会話例でメモを提示していたように、まさに相手と一緒にいるそのタイミングで、「ここまでを整理すると……」のようにビジュアルでまとめられると、場が進みます。

以前、営業が強くて有名な某社で研修を実施したとき、「クロージングの場面で頼りになる武器はなんですか？」と質問したところ、多くの参加者が「ホワイトボードです」と回答されました。**お客様と一緒に同じものを見ながら整理していくプロセスは、最後に相手の決断を後押しするうえで、とても重要だ**ということです。

相手から聞いた情報について、単に「おっしゃることはわかります」と言うより、ビジュアルで表現したものを見せるのは非常に効果的です。有名な「メラビアンの法則」によれば、人が影響を受けるのは、視覚情報が55％、聴覚情報が38％、言語情報が7％で、**最もインパクトが大きいのは視覚情報**です。

「ここまで伺った内容を簡単に整理してみたのですが……」とメモを見せるのは、相手に「なるほど、こういうことなのか！」という新しい発見をもたらすこともありますし、「こんなにしっかり聞いてくれていたんだ！」という喜びの感情を生むこともあります。

ラフでもいいから早めに見せる

「書いたメモを相手に見せましょう」とお伝えすると、「きれいに整理できていないメモを見せるのは抵抗がある」と言われることがあります。たしかに、人の話をリアルタイムで整理することは難しいですし、その整理が的を射たものであるかどうかは、慣れないとなかなか自信が持てないものです。

私も、新卒で入ったコンサルティング会社では、ホワイトボードで参加者の発言をきれいにまとめる先輩たちを見て、「とてもこんなふうにはできない」と思いました。お客様の前でホワイトボードの前に立つのは、けっこう勇気がいることだと感じていたのを覚えています。

そんな**私の認識が変わったきっかけは、商談中に私が書き留めた、決してきれいではない文字の這うノートに、お客様が「それを写真に撮らせてもらえませんか」と声をかけてくれたこと**です。もともと私は写真に撮られることを想定していませんでしたので、紙面はきれいにまとまっていませんでした。ただ箇条書きでいくつかキーワードを並べ、大事な言葉に星印をつけて、赤いサインペンで囲っていました。

それを写真に撮るって？　私はとても意外でした。こんなノートで価値があるのなら、むしろ自分から積極的に見せてみようと思い、次の商談からは意図的に大きな文字でキーワードを並べて、お客様へ「どれが大事ですか」と尋ねてみることにしました。その結果、打ち合わせの途中で認識のすり合わせができるようになり、お客様からも喜ばれるようになりました。

この方法を始めて気づいたことがありました。

こういった確認作業は、打ち合わせの最後にやると理解のずれが怖いものです。もし深刻なずれが終了間際に発覚すると、その後の挽回が難しいからです。**したがって、途中の段階でノートを見せて、「ずれているところがあれば早めに教えてもらえませんか」というスタンスのほうがうまくいきます。**むしろ、自信がないときほど早めに見せて確認したほうが、よいことが起こりました。

私はいままではオンライン会議のときも、手元で打っているメモを途中で画面共有し、相手に見せて確認しています。会話のスピードが速いときは、自分の手元でメモのウィンドウを2つ立ち上げておいて、片方は「人に見せず、ただひたすら書くメモ」、もう片方は「相手に確認を求める要点だけ貼りつけたメモ」のように分けています。

情報整理の前提はピラミッド構造

■ピラミッド構造で考えると、あとで使いやすい情報整理ができる

情報整理をするうえでは、ピラミッド構造の考え方が重要です。ピラミッド構造で考える癖がついていると、テキストで文章のまま整理することもできますし、情報の意味やかたまりを見て図解することもできます。

ロジカルシンキングの本などで詳しく紹介されているので詳細は割愛しますが、ごく簡単に、ポイントだけお伝えします。

ピラミッド構造で考えられているときには、次の4つの条件が満たされています（178頁の図参照）。

1つ目は**「情報のグルーピングができている」**ということです。似たような話同士はく

ピラミッドで考えると、テキストにも図にもしやすい

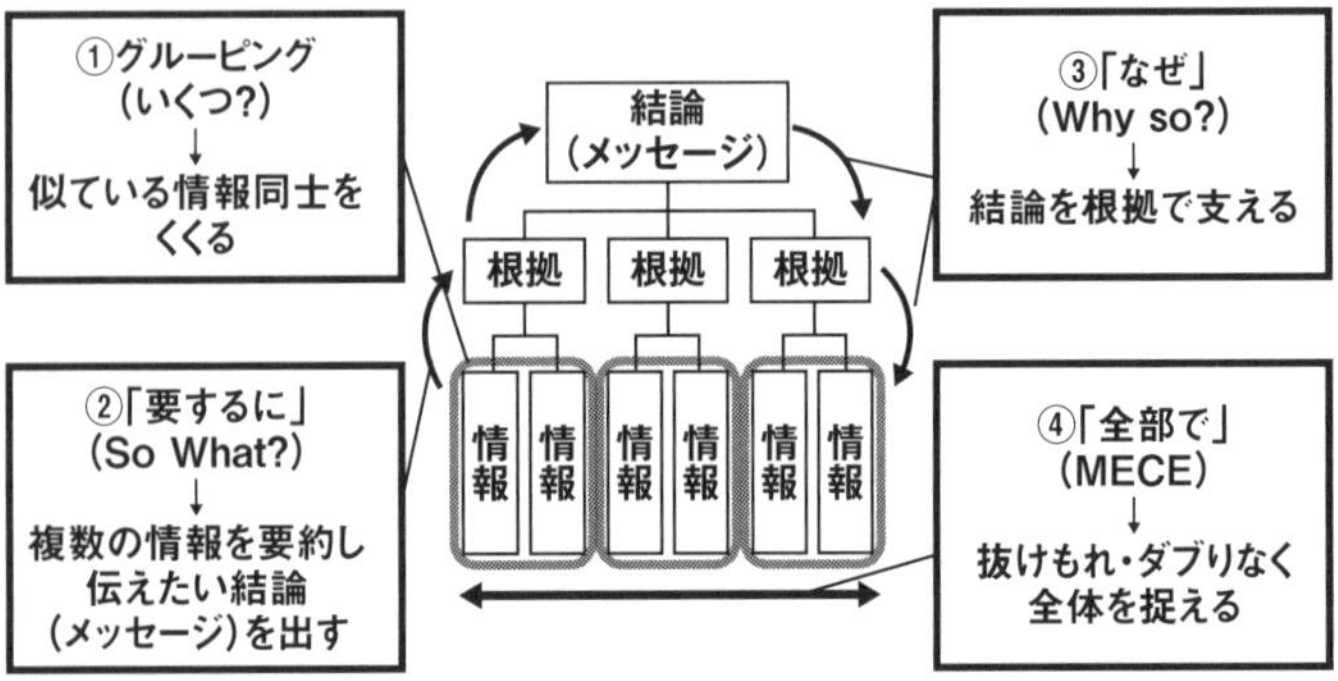
①グルーピング
(いくつ?)
↓
似ている情報同士をくくる
②「要するに」
(So What?)
↓
複数の情報を要約し伝えたい結論(メッセージ)を出す
結論
(メッセージ)
根拠
根拠
根拠
情報
情報
情報
情報
情報
情報
③「なぜ」
(Why so?)
↓
結論を根拠で支える
④「全部で」
(MECE)
↓
抜けもれ・ダブりなく全体を捉える

くり、意味のかたまりごとにキーワードでまとめられているときがこの状態です。

そして2つ目は**「要するに何が言いたいかがはっきりしている」**です。具体的な情報を集約していくと、要はどういうことなのかが、「一番言いたいこと」「最も大事な情報」として見えているということです。

3つ目は**「なぜそう言えるかの根拠が明確である」**です。ピラミッド構造で情報が整理されているときは、上から下に降りていくと、結論を根拠で支えるかたちになっています。すなわち、意味のつながりがしっかり見えているということです。

4つ目は**「抜けもれ・ダブりがない」**になります。MECE(Mutually Exclusive and

Collectively Exhaustive：抜けもれなくダブりなく）に全体を捉えているかどうかです。たとえば、相手の話を聞く中で抜けもれが見つかったとき、「この点についてはどうでしょうか？」と足りない情報を捉えているということです。

5章「理解を深める力」では、深掘りの質問で「他にはありますか？」という言い回しをご紹介しました。「他には？」という質問によって、相手の話に対する理解が網羅的になっていきます。

以上、4つのポイントについて簡単に解説しました。

ピラミッド構造で考えるスピードや精度を上げるためには、「口癖」を意識するのがおすすめです。特に、打ち合わせの後半に入ってきたら、「4つのポイント」を意識したフレーズをあえて使うのです。

○「ポイントは3つあって……」（グルーピング）
○「結論としては……」（要するに）
○「理由としては……」（なぜ）

○「あと、抜けている点は……」（全部で）

ピラミッドを意識して考えることによって、情報をテキストのかたちにしたり、図解で表現したりということが、自在にできるようになっていきます。

ピラミッド構造からテキストで情報を整理する

こちらは、ピラミッド構造とテキストの関係について表した図です（左図参照）。ピラミッド構造で整理したストーリーがあったとします。結論を支える根拠があり、その根拠を支えるまた細かい情報があり、相手の話の流れが捉えられているとき、ピラミッドで表現できる情報は、テキストの箇条書きメモで整理することもできます。

仕事で議事録を取るときに、「構造で情報の意味を捉えなさい」と指導された経験のある方もいらっしゃるかもしれません。テキストのメモで情報を整理するときにも、1番上位の結論、2番目の階層にくるサブメッセージ、3番目の階層にくる具体的な情報、といったことがきちんと整理されていると、メモの内容がわかりやすくなります。

■ ピラミッドとテキストの関係

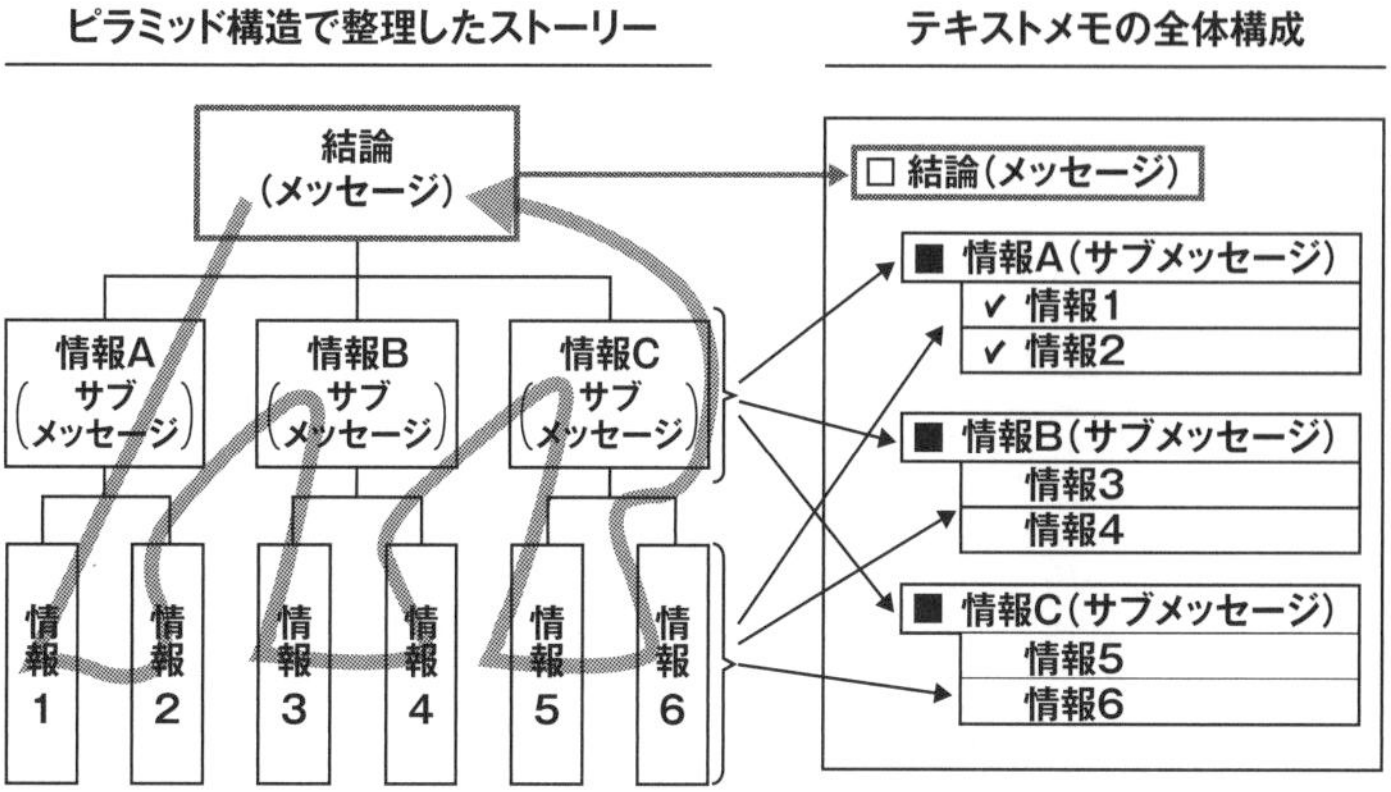
ピラミッド構造で整理したストーリー
テキストメモの全体構成
結論（メッセージ）
情報A（サブメッセージ）
情報B（サブメッセージ）
情報C（サブメッセージ）
情報1
情報2
情報3
情報4
情報5
情報6
□ 結論（メッセージ）
■ 情報A（サブメッセージ）
✔ 情報1
✔ 情報2
■ 情報B（サブメッセージ）
情報3
情報4
■ 情報C（サブメッセージ）
情報5
情報6

わかりやすく相手の話を整理できていると、「あなたのことを理解していますよ」ということが伝わりやすくなります。テキストで階層構造を意識したメモを取れていると、大事なことを見失わずに済みます。

また、意味のかたまりを捉えておくと、キーワード化して相手とスムーズなやり取りをすることも可能になります。このように、ピラミッドとテキストというのは非常に密接に結びついています。

テキストのメモとピラミッドの構造を行ったり来たりしながら考えを整理するスキルは、トレーニングで身につけることができます。おすすめは、議事録を取る場面があったら積極的に手を挙げることです。誰かの話をメモするときに、頭の中でピラミッド構造を考えながら文章へと起こしていくうちに、思考のスピードと精度が上がっていきます。

ピラミッド構造から図解で情報を整理する

ピラミッドの考え方で情報を整理すると、図解でも表現しやすくなります。

たとえばこちらは、売上アップ施策の選択肢として挙がっている案を、それぞれ判断軸で評価したものです（左図参照）。

ピラミッドで整理した情報が左側、マトリックスで表現したものが右側にあります。

左側のピラミッド構造では、「予算内で売上アップにつながる投資をするならどれがよいか」というお題に対し、「リサーチサービスの導入が望ましい」という結論になっています。その結論を、3段目にある費用・売上向上・即効性・教育効果という判断軸の項目が支えています。

ピラミッドの考え方で整理ができるものは、マトリックスでも図解表現ができます。マ

ピラミッドと図解の関係

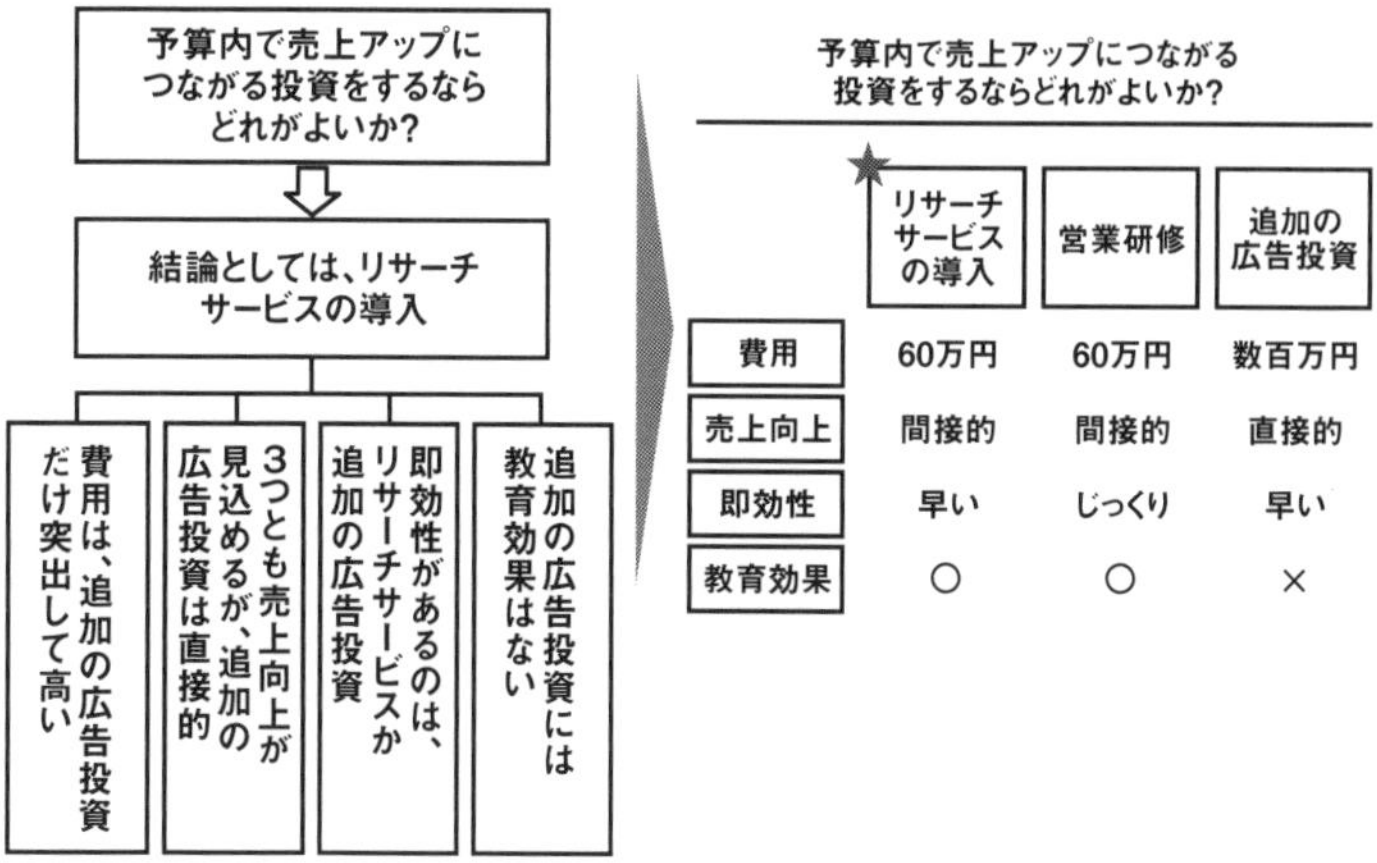

トリックスでは、横軸が3つの選択肢、縦軸が4つの判断項目になっています。

ピラミッド構造で考える癖がついていると、図解を用いた整理もしやすくなります。どんな図解を選んだらよいかを思いつけるように、図解のバリエーションと基本的な考え方を知っておくと便利です。次にいくつかご紹介します。

図解のバリエーションを押さえて活用する

▒使用頻度が多い図解の基本6パターン

相手の話を図解で見える化できると、意思疎通がとてもスムーズになります。図解するコツは、この3つのポイントを押さえることです。

○図解のパターンを知る
○パターン同士の関係を知る
○パターンにうまく当てはめられないときの対処法を知る

まず、使用頻度が多い図解の基本パターンについてお話しします。
図解をするうえで大事なのは、まず自分の思いつくパターンに当てはめていろいろと試

使用頻度が高い図解の基本6パターン

	①比較（A⇔B）	②変化（A→B）	③プロセス（A→B→C）	④ポジション（ABCD）	⑤マトリックス（ABC/XYZ）	⑥列挙（A,B,C）
イメージ	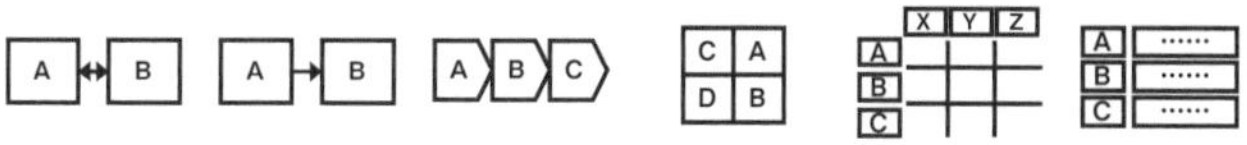					
表現するもの	比較、対立、Good と Bad	変化、影響、Before →After	プロセス、手順、流れ	大小、強弱、高低、○×（が2軸）	2軸ならOK（選択肢×判断軸は代表例）	何でもOK
鍵となる台詞	Aは…だが、反対にBは…になっている	もとはAだったのがBになっている	Aの次はB、その次はCという流れになる	Bは…が多いが…が弱い。Cは…が少ないものの…が強い	A、B、Cについて整理すると…のようになる	A、B、Cの3つが重要なキーワードである
図解の検討順	単純でつくりやすい（まずはこれを検討）		➡ 軸が見えたら検討		➡ 思いつかなければ最終手段はこれ	

してみる姿勢です。

本書でも図解をたびたび使いながらご説明していますが、特に使用頻度が高く、みなさんにも使いやすい6つの基本パターンをここでご紹介します（上図参照）。

まず①は**「比較」**の図解です。AとBを比較したり、対立しているGoodとBadのような関係を示したりするものです。「Aと反対にBはこのようになっている」という構造が見え隠れしているときは、比較の図解を使うチャンスではないかと考えます。

②は**「変化」**です。AからBへ変わるという関係を表します。この図解は変化や影響、ビフォーアフターのような概念を表現

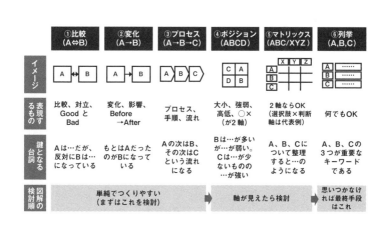

するのに適しています。「もとはAだったのがBになっている」ということです。

③は**「プロセス」**です。A→B→Cという流れを表したものです。これはプロセスや手順、流れを示すものです。「Aの次はB、その次はC」ということを表現しています。

①②③はパッと見て関係性がわかりやすく、しかも単純でつくりやすいので、図解しようというときは、まずこの3種類の検討をおすすめします。

次の④**「ポジション」**は、いわゆる田んぼの田の字です。物事の大小・強弱・高低・○×・有無、などが縦と横の2軸になっています。たとえば「Bはこれは多いがあれが弱い」とか、「Cはあれが少ないがこれが強い」のように軸を表す表現がいくつか見えていて、それが数字や○×、有無で軸が取れるときには、この「ポジション」図が候補に挙がります。

⑤**「マトリックス」**は、片方の軸に何かのグルーピング、もう一方の軸にも何かのグルーピングというように、それぞれ2軸でグルーピングが掛け合わさったものです。たとえば、「選択肢×判断軸」がその代表例です。「A案・B案・C案の3つについて整理すると、

こう判断できる」のように、縦軸と横軸で何かの意味を抽出するのに適しています。

④ポジションや⑤マトリックスは、使える範囲が非常に広い図解です。ただ、用途が広い分だけ、逆に適切な縦軸・横軸を選ぶことが意外と難しいものです。

そこで、**まずは①比較、②変化、③プロセスの図解を検討してみて、これが当てはまらなそうな場合に④ポジションや⑤マトリックスを見てみる**、という手順がおすすめです。

④ポジションと⑤マトリックスのどちらを使うかについては、**何らかの定量的な情報が見えたら④ポジションを、単純に情報を整理・集約するならば⑤マトリックスを使う**、と考えるとよいでしょう。

図解にトライしても何の図も思いつかない、というときもあります。そんなときは⑥「**列挙**」を使ってみましょう。シンプルに、グループごとにキーワードで括ってしまうわけです。「主要なキーワードはAとBとCの3つです」のようにまとめます。他にしっくりくる図解を思いつかないとき、最終手段はこれです。

「⑥の『列挙』を図解に含めるのか」には諸説ありますが、⑥を「図解」に含めることが、実はここでの一番の肝です。なぜかというと、**適した図解がどうしても思いつかない場合の「最終手段」を持っておくことが、図解を使う際の「安心材料」になる**からです。

この基本パターンをまず押さえておくことで、どの図に当てはめるかの検討がスムーズになります。6パターンを使った図解について、左頁に具体的な例を載せておきますので、参考にしてください。

▩使用頻度は少ないが知っておくと便利な図解6パターン

次に、先ほどのものに比べると使用頻度は少ないものの、知っておくと便利な図解の6パターンです（190頁の図参照）。

①「**ツリー**」は、分解・集約や統合に便利です。本書でもピラミッド構造について話しましたが、このピラミッド構造もある意味でツリーの図と解釈できます。「AはB・C・Dに分解される」あるいは「B・C・Dを統合するとAになる」。このような関係があ

使用頻度の高い図解の基本6パターン（具体例）

①比較

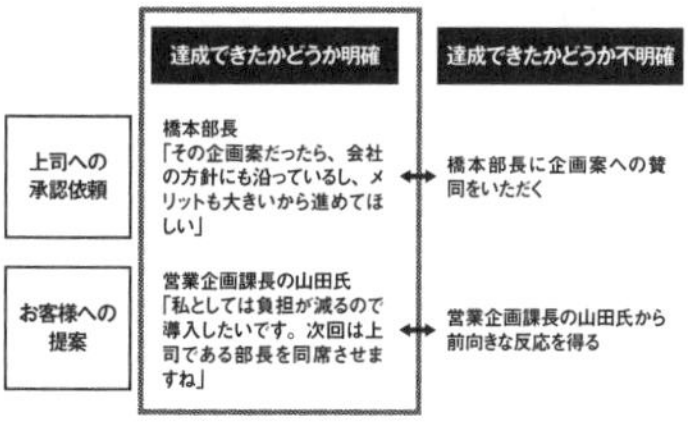

②変化

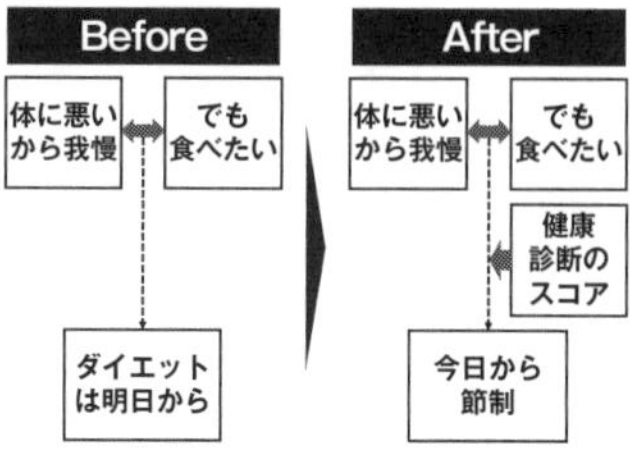

③プロセス

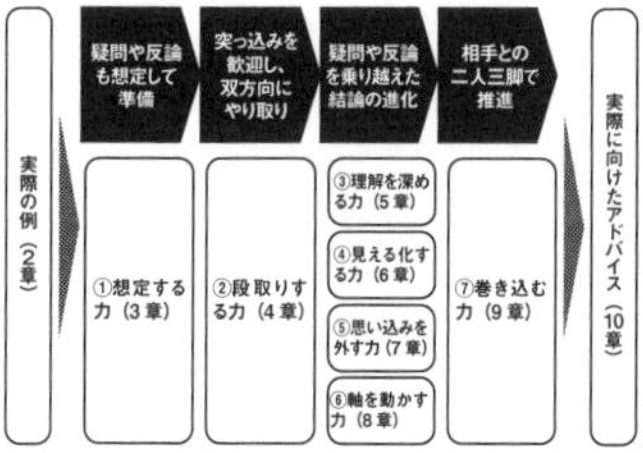

④ポジション

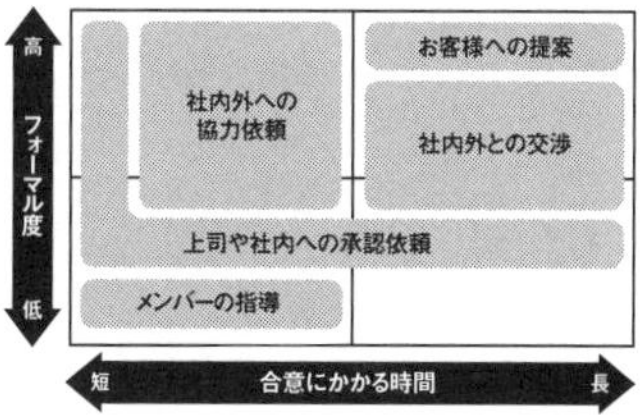

⑤マトリックス

		選択肢		
		A 駅から近くて新しい	B 少し古いが落ち着ける	C とにかく家賃が安い
判断基準	家賃	12万円	10万円	8万円
	広さと間取り	かなり狭いが一人暮らしなら十分なワンルーム	かなり広くて人も呼びやすい1DK	少し狭い1K
	築年数	3年	40年	20年
	駅からの距離	3分	15分	7分

⑥列挙

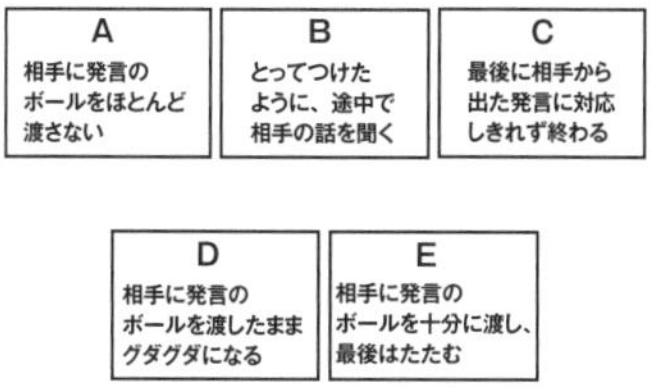

■ 使用頻度は低いが、知っておくと便利な図解6パターン

	①ツリー	②循環	③交換	④ベン図	⑤階層	⑥グラフ
イメージ						
表現するもの	分解、集約、統合	好/悪循環、繰り返し	交換、取引、価値提供	集団、分布、帰属	階層、重み、比率	増減、変化、割合
鍵となる台詞	AはBCDに分解される／BCDを統合するとAになる	A→B→C→D→Aのような循環になっている	AはBに…を提供し、BはAに…を提供している	AグループとBグループには重なりがある	Aが最上位、次いでB、Cのようになっている	Aは…のように変化し、Bは…のように変化している
図解の検討順	関係やつながりを論理的に説明できればつくれる			→ 数の大きさや分布、変化などが見えればつくれる		

るときにはこの①「ツリー」構造が使えます。

②「**循環**」もついでに知っておきましょう。好循環・悪循環・繰り返しは、最後のプロセスがまた最初のプロセスにつながっている場合に当てはめられます。

③「**交換**」は、AとBとのあいだで何かの交換・取引や価値提供がされている場合の図解です。ビジネスモデルや、企業間の関係を表現するときはこの図解が適しています。

①「ツリー」、②「循環」、③「交換」は、関係やつながりが論理的に説明できる場面では比較的つくりやすいのですが、使用頻

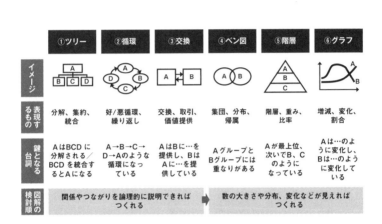

度の多い6パターンに比べると、登場する回数はさほど多くありません。

④「**ベン図**」は、集団や分布、帰属を示します。学校の算数・数学の授業で登場しているかと思います。

⑤「**階層**」の図は、Aが最上位で少数派・Bが次にくる集団・Cは裾野が広く数も多い集団、のように集団の階層構造を表現します。

⑥「**グラフ**」についても、増減・変化・割合を示す傾向を図解として使えます。正確な数字を打ち込んだものでなくても、「こういう変化をしている」という情報を表現することで、相手とコミュニケーションがはかどります。

▒きれいな図解が難しければ、補助手段を活用する

どうしてもきれいに図解しきれないときは、補助手段を使ってみましょう。

図解で見える化するときに大事なポイントは、うまく表現できないときの「最終手段」

きれいに図解することにこだわらず、補助手段を活用する

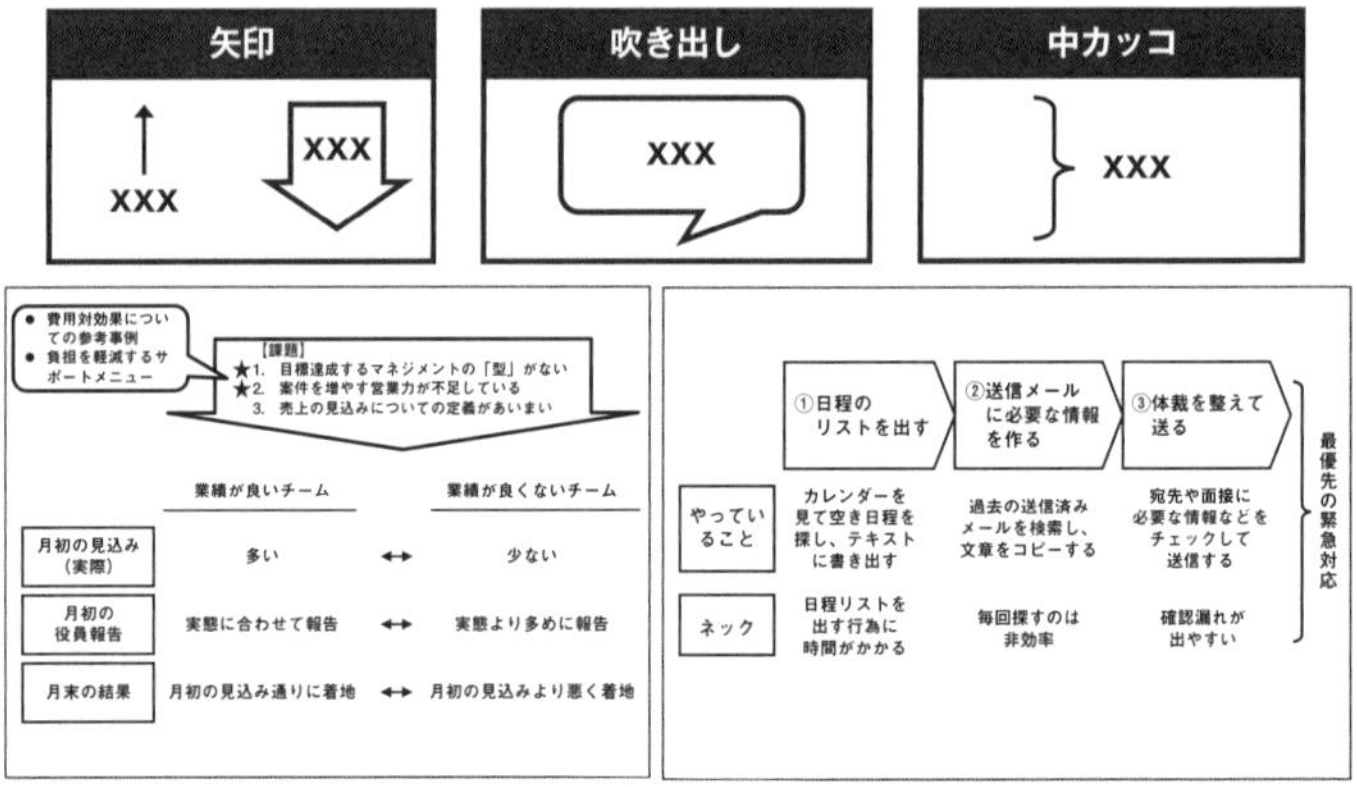

を持っておくことだと前にご説明しました。

図解のパターンについて、本書では合計12のパターンをご紹介していますが、どうしてもうまく表現しきれない場合や、なんらかの情報を後から付け加えたい場合があります。そんなときは「矢印」「吹き出し」「中カッコ」が便利です（上図参照）。

「矢印」は何かを補足したり、何かが影響を与えていることを表現したりできます。

「吹き出し」はとりあえず説明書きを付けておきたいときに重宝します。

「中カッコ」はそれぞれをくくって、ひと言で説明するのに使いましょう。

この**「矢印」「吹き出し」「中カッコ」**を**使うと、きれいに図解しきれないときでも、**

表現を補うことが可能です。

慣れてくると「図解の基本6パターンに当てはめてみよう」といった思考回路で整理できるようになりますが、それまではぜひ、こういった補助手段も積極的に活用してください。

図解で見える化する力を上げるためには、なるべく、「ハードルの低い場」で練習するのがコツです。いきなり社外との打ち合わせで図解をするより、まずは一人でノートに走り書きをしたり、社内のミーティングでホワイトボードの前に立ってみたりするなど、自分なりにチャレンジできる機会を探して、場数をこなしていきましょう。

ビジュアルで論点を明確にする

ビジュアルで情報を整理すると、「状況がどうなっていて、次に何を考えるべきか」という論点がクリアになってきます。「見える化」したあとの進め方として、4つのパターンがあります。

①お互いの認識も、必要な情報も揃った

情報が見える化された時点で、お互いの認識もすり合わせて、実質的に「気持ちのよい合意」に至っていると、あとはもう動くだけという理想的な状態です。

②お互いの認識は揃ったが、足りない情報がある

ある程度の認識は揃っていても、「この情報が足りない」と明らかになったのがこの状態です。さらに次のステップとして、必要な情報を揃えるという工程が必要になります。たとえば、上司の承認を得る場面でいえば、こんな状態です。

「提案してもらった件、基本的にはOKだ。ただし、1カ月の単月から契約できるか、それとも3カ月や6カ月といった契約期間の縛りがあるか、それだけ確認してくれるかな?」

このように言われれば、あとは契約期間について確認することが次のアクションになります。

③情報は揃ったが、思い込みからくる認識のずれがある

情報がひと通り見える化されて、お互いの考えはわかったものの、思い込みからくるずれが起こっている状態です。上司の承認を得る場面でいえば、次のようなケースです。

「あなたはその施策で業務効率が上がると言っているけれど、それは本当に効果があがるものなの?」(施策について検討する前から、「効果がないのでは」という先入観がある)

このような反応であれば、合意を得るために、相手の「思い込み」を外すための働きかけが必要です。

④情報は揃ったが、選択肢あるいは判断基準で引っかかっている

③の思い込みとは異なり、冷静に情報を集めて整理してみた結果として、決めきれないことがあります。選択肢あるいは判断基準で引っかかるケースです。

たとえば、上司の承認を得る際に、「あなたが提案してくれた案より、こっちの別の案のほうがよいのでは」と言われることがあります。この場合、意見の相違を生んでいるのは「何を重視して判断するのか」に関する違いです。ここから合意に至るためには、選択肢や判断軸に関するロジカルな議論が必要になります。

情報を見える化することによって①②は前進しますが、③④はさらにステップが必要です。③については次の7章「思い込みを外す力」で、④はさらにその次の8章「軸を動かす力」で解説していきます。

7章

スキル⑤ 思い込みを外す力

思い込みの正体を突き止める

■「速い思考」と「遅い思考」

「思い込みを外す力」とは、先入観や固定観念による「思い込みの壁」があるとき、思い込みの原因を特定して、認知の枠組みを再定義（リフレーミング）するスキルです。

「関係性の壁」「情報整理の壁」を乗り越えても、「これまでの経験や直感から動きたくない」となる場合があります。この原因となっている「思い込み」について、本章で掘り下げていきたいと思います。

まず、左図をご覧ください。なんと書いてありますか？

「何を言っているの？　アルファベットのA、B、Cに決まっているじゃないか」と思わ

▩ 何と書いてありますか？ ①

出典：『ファスト&スロー』

れるでしょう。

では、次に２００頁の図をご覧ください。今度は真ん中が「13」に見えるのではないでしょうか。

２つの図に書かれている真ん中の記号は、前後の文字によって「B」とも「13」とも読むことができます。

ノーベル経済学賞を受賞したアメリカの行動経済学者、ダニエル・カーネマン氏は、『ファスト&スロー』（早川書房）という本の中で、「システム１」と「システム２」という、２種類の脳の働きについて解説しています。

「システム１」というのは速い思考です。

▒ 何と書いてありますか？ ②

出典:『ファスト&スロー』

私たちは、直感や過去の経験に基づき、日常生活で大半の意思決定を素早く下しています。たとえば、ペットボトルのフタを開けて、中にある飲み物を飲もうとしたとき、「よし、このフタを時計回りに回そう。この向きに回せば、フタが開くに違いない」などとは考えません。これは、フタを回して開けるときは、過去の経験に基づいて、どちらの向きに回すか判断しているためです。

先ほどの図でいえば、瞬間的に「ABC」というアルファベットが思い浮かんだのは、過去に似たような文字の並びをさんざん見てきているからです。

一方、**「システム2」というのは遅い思**

考です。慎重に考えるときの脳の動きはこちらです。たとえば、ペットボトルの中の飲み物を、2つのコップに「ちょうどピッタリの量」になるように注ごうとしたら、ある程度の集中力が必要になるはずです。

先ほどの図で、2枚目を目にしたとき、「ちょっと待てよ。どういうことだろう。真ん中の記号は同じ文字を表していたと思ったが……。ああ、そういえば、A、B、Cの文字のところに、それぞれ少しずつ小さな空白があったな。それで、Bの文字は、13と読むこともできるのだな」などと思考がめぐるでしょう。これがシステム2の動きです。

システム2の発動には集中力を要するため、脳のエネルギーを消費します。しかし、人間の脳には処理能力の限界がありますから、一日中ずっとシステム2を稼働させているわけにはいきません。日常の大半の行動はシステム1で処理をしています。

「思い込み」はシステム1による速い思考をきっかけとして起こりますが、いくつかの種類があります。

相手がシステム1からくる思い込みによって「動いてくれない」とき、その思い込みがどんなものなのかを理解していると、対応がしやすくなります。

▒「速い思考」からくる思い込み

経験や先入観によって直感的に、ある程度正解に近い答えを得る思考法を心理学用語で「ヒューリスティック」と言います。しばしば、速い思考は「思い込み」につながることがあります。

思い込みからくるヒューリスティックの種類について、「新規開拓の営業」という例で示します。

①典型的なイメージ（代表性ヒューリスティック）

たとえば、オフィスの代表電話に、少し緊張ぎみの震えた声で「弊社は△△株式会社と申しますが、社長はいらっしゃいますか？」という電話がかかってきたとします。電話を保留して社長に確認したら、社長も知らない会社とのこと。社長は「売り込みの電話じゃないのか」と言います。このような状況であれば、多くの方は「売り込みの営業なら、社長にわざわざつながなくてもよいだろう」と考えるでしょう。

それは、「新規の売り込み電話をしてくるのは新人の営業が多く、品質が高くないものだ」という典型的なイメージ（ステレオタイプ）があるからです。

このような、**「典型的なイメージ」からくる思い込みに対しては、営業側からすると、ステレオタイプの反証事例を提示することが有効**です。代表電話への売り込みが「いかにも売り込みっぽく、かつ、経験があまりなさそうな若手っぽいトーン」だと、ステレオタイプそのままの印象ですね。しかし、売り込みの電話でも、「いかにも経験豊富でベテランの雰囲気が漂ったトーン」だったらどうでしょうか。受け手からすると「あれ？」という違和感が生まれ、典型的なイメージとは切り離されます。

②身近な情報源（利用可能性ヒューリスティック）

まだ取引のない会社から提案を受けたお客様が、「この会社を知っている？」と周囲に聞いてみたときに、たまたま「その会社に依頼したことがあるけれど、あまりよくなかった」というコメントが得られたとします。そのとき、サンプル数が１人であっても、身近な知人からのコメントであれば、それを信じることによって「知人がイマイチだと言っていたから、おそらくろくな会社ではないだろう」と判断することがあります。

これは、身近に得られる情報源や、日常的に目にしている情報をもとにして判断するヒューリスティックです。**「身近な情報源」からくる思い込みに対して、営業側からすると、お客様の情報入手ルートを広げるサポートが必要**です。相手が頼りにしている「いつもの」情報源とは別に、思わず注目したくなる情報源を提供します。たとえば、ちょっとした小冊子を提供したり、セミナーに招待したりするなど、「情報源の幅」を広げてもらうということです。

③最初の情報（固着性ヒューリスティック）

実際に提案を受けてみようかとお客様がアポを許諾したあと、会社のウェブサイトをチェックしてみたら、それほど華のあるデザインではなく、あまりパッとしなかったとします。その印象から、「会社のウェブサイトがパッとしなかったから、多分たいしたことはないのだろう」と考えてしまうかもしれません。

最初に目にした情報に引っ張られるのは、**アンカリング効果**とも呼ばれます。

たとえば、１００万円のサービスが値引かれて70万円で見積もり提示されるのと、初期価格80万円が値引かれて70万円になるのとでは、同じ70万円でも「もともと１００万円だったものが値引きでお得に買えるほうが嬉しい」と考えやすいということです。

最初の情報に引っ張られる思い込みに対しては、**アンカリングになっている情報を特定**することが必要です。そして、**アンカリングの情報にそのまま引っ張られないよう、思い込みを誘発している情報に対して「解釈の仕方」を相手にインプット**していきましょう。先ほどのウェブサイトに関するアンカリングであれば、「クオリティの高い提案資料」などの情報を付加することによって、アンカリングの力を弱められます。

④過去の経験（シミュレーション・ヒューリスティック）

いざ提案を受けてみたお客様にとって、「そういえば数年前に、似たようなサービスを導入したな」という記憶が蘇ってきたとします。その記憶が良くないものであったとき、過去の経験における記憶と紐付けて、「過去にも似たようなサービスを導入したが、うまくいかなかった。おそらく今回もうまくいかないだろう」と、過去の経験から結果を想像してしまう思い込みもあります。

過去の経験に引っ張られる思い込みの場合は、過去の出来事と今回の相違点を伝えることが必要です。この例でいうと、過去の導入経験と今回とは関係ないことを示し、ゼロベースで考えていただくということです。そのためには、「どういう経緯で、過去のサービス導入はうまくいかなかったのでしょうか」と、過去の経験を深掘りして相手の中にある思い込みにアクセスし、「今回の件は、それとは別の種類のものです」などと、切り離すための解釈をサポートしていきましょう。

さて、4つ挙げてみました。まずは、自分が思い込みにハマらないように注意すること、そして、相手が思い込みに影響されているときに、いち早く気づけるようにしましょう。

思い込みを深掘りし、気づきを促す

相手の思い込みが4種類のうちいずれであるかを突き止めたあと、気づきを促すには、「深掘りのあとの問いかけ」が有効です。図を用いて説明します（左図参照）。

まず、相手の中には**「言動」「解釈や価値観」「過去の事実」**という階層があります。システム1による速い思考は、経験からくる直感的なものです。したがって、思い込みに影響を与えている何らかの「過去の事実」が存在します。そして、過去の事実をどう

■ 思い込みを深掘りし、「気づき」を促す

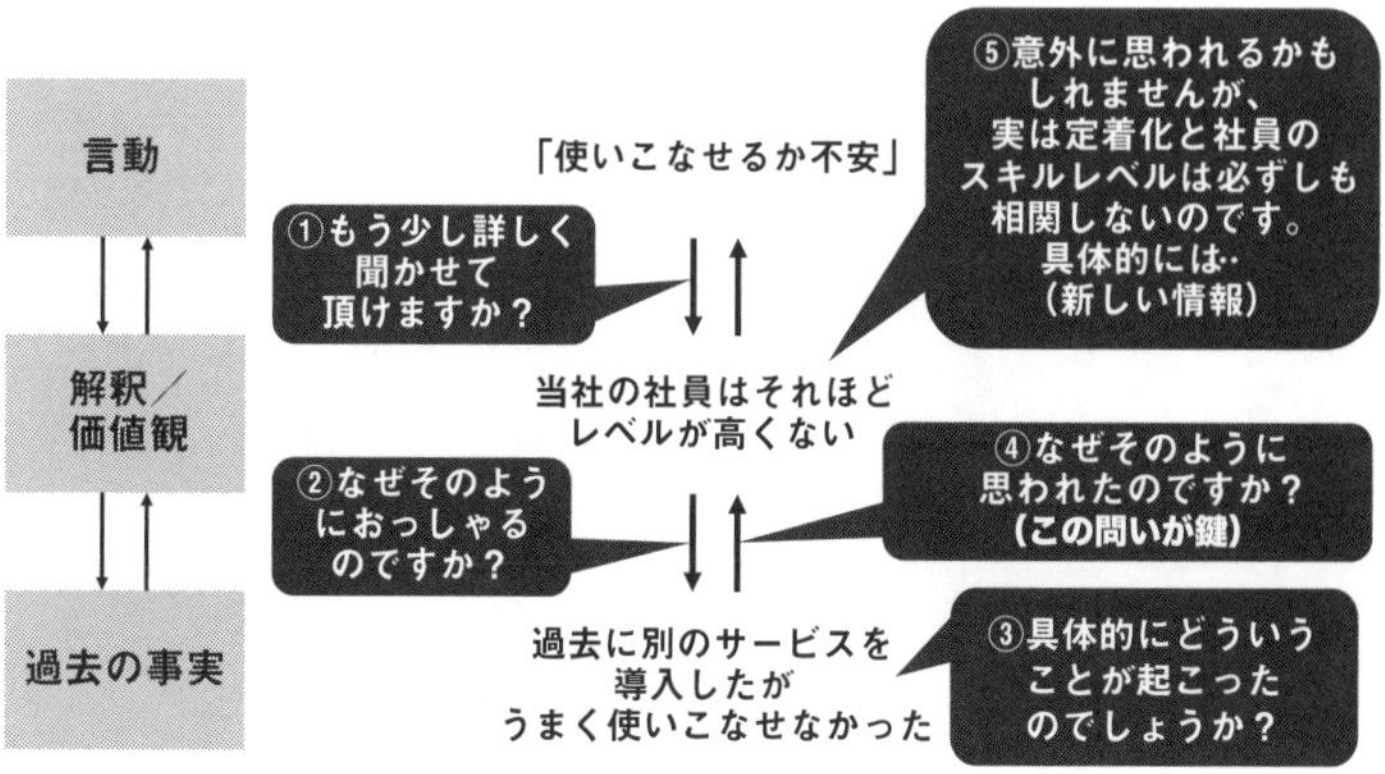
言動
解釈／価値観
過去の事実
「使いこなせるか不安」
当社の社員はそれほどレベルが高くない
過去に別のサービスを導入したがうまく使いこなせなかった
①もう少し詳しく聞かせて頂けますか？
②なぜそのようにおっしゃるのですか？
③具体的にどういうことが起こったのでしょうか？
④なぜそのように思われたのですか？（この問いが鍵）
⑤意外に思われるかもしれませんが、実は定着化と社員のスキルレベルは必ずしも相関しないのです。具体的には‥（新しい情報）

「解釈」したかによって「価値観」が形成されます。速い思考から無意識に発せられる「言動」は、その価値観によってもたらされるものです。

たとえば、ここで、業務の生産性を上げるソフトウェアを扱う営業担当が、お客様に提案する場面を例にとって考えてみましょう。

革新的なソフトウェアは、その高機能さゆえに、大いに仕事を効率化してくれるものの、使いこなすまでのハードルをお客様側が感じたとします。すると、提案を受けたお客様は、即座に「すごく便利だとは思いますが、使いこなせるか不安ですね」と

反応します。

営業がいきなり「大丈夫ですよ！　実際に使いこなせているお客様の例もあります」と説得しようとしても、お客様は容易に信じないでしょう。そこで、「なぜ、使ってもみないうちに、即座にそんな台詞が出てきたのか？」を考え、深掘りして聞いてみます。思い込みの原因を探るのです。

「いま『不安』とおっしゃいましたが、もう少し詳しく聞かせて頂けますか？①」

お客様は「当社の社員はそれほどレベルが高くないので、せっかくの高機能でも、宝の持ち腐れになってしまうと思います」と返してきました。

ここでも、「大丈夫です！　レベルが高くない方でも簡単に使いこなせます」と慌てて反論する前に、**「なぜそのようにおっしゃるのですか？②」**と聞いてみます。

そこで初めて、「実は……過去に、革新的な機能を備えた別のソフトウェアを導入したのですが、うまく使いこなせなくて、定着せずに失敗してしまったんですよ」という事実がわかります。どうやら、お客様の思い込みに影響を与えている情報が見えてきました。

さらに**「差し支えなければ、具体的にどういうことが起こったのか聞かせていただけませんか？③」**と投げかけることで、どんな経緯だったのかが詳しくわかります。

次の質問が重要です。「思い込み」は速い思考から生まれるので、「本当に、『使いこなせるかどうか』と『社員のレベル』は関係しているのか」という観点から問いかけます。

「なぜそのように思われたのですか？④」

この問いが鍵となり、お客様が「いや、そうですね……そう言われてみると、まあ、社員のレベルというより、実際は別のところに原因があったのかもしれないですが……」のように答えを返してきたら、思い込みを外すチャンスです。「重要な事実」としての新しい情報をぶつけます。

「意外に思われるかもしれませんが、実は定着化と社員のスキルレベルは必ずしも相関しないのです。具体的にはこういう事例がありまして……⑤」

こうしてお客様は、自身で思い込んでいたことに気づき、冷静に相手の話を受け止めようというモードになります。

以上、会話例を用いてご説明しました。

速い思考からくる「思い込み」に対して、「焦って即座に反論」してはいけません。冷静に掘り下げて、思い込みの正体を突き止めるのです。

■「健全に疑う」姿勢を持つ

思い込みにハマってしまう人と、思い込みに気づける人は何が違うのでしょうか。よく言われる批判的思考やクリティカル・シンキングといった思考スキルを高めることは、思い込みにはまらないためにもちろん重要です。とはいえ、思考力が高い人でも、思い込みによって言動が影響を受けてしまうことはあります。

そこで、思い込みが発生しそうなときに立ち返ってみるべき注意点を挙げてみます。

①情報や経験が偏っていないか?

たとえば、ゼロから会社を立ち上げてそれなりの規模まで成長させた起業家は、尋常でない努力をしてきたケースが大半です。そういう人の周りには、同様に並々ならぬ努力をしてきた人たちが集まっているものです。「多少の難局があっても、努力でなんとかなる」という経験をしてきた人は、うまくいかずに悩んでいる人に対して、「それは努力が足りないのでは」と、本人の努力に原因を寄せて考えがちになります。

それなりの年次やキャリアを重ねてくると、特定の情報や経験が積み増されていくので、「偏り」からくる思い込みが働きやすくなります。

②前提や情報が抜けていないか？

「論理の飛躍」という言葉があります。たとえば、「普通は、こうするものでしょう」や「常識から考えるとこうだよね」など、確たる根拠が示されないままに、自分の主張の正しさを相手に伝えようとしているモードになっているとき、そこに思い込みが働いている可能性があります。

どこにでもいる「普通」の人というのは、実際には存在しません。過度な一般化に、注意しましょう。

③達成や実現のプレッシャーがかかっていないか？

「なんとしてでもやり遂げなければ」という気持ちの強い人ほど、思い込みにはまりやすくなります。達成や実現の重圧があると、手段が目的化しやすいので要注意です。

たとえば、会社の指示を受けて「絶対にこの交渉を成功させないといけない」というプレッシャーがかかっている人は、入念な事前準備を重ねて交渉に臨みます。すると、「とにかく相手の言う条件を呑んではいけない」という状態に陥りやすくなります。無意識のうちに「自分が正しく、相手が間違っている」となりがちです。

さて、3つほど挙げてみました。

「相手が思い込みにハマっているときに気づく」ことも大事ですが、「自分が思い込みによって影響を受けている」ことにすぐ気づけるかどうかも、同様に重要です。

動かない人の心理を理解する

■人は「保留」したい生き物である

本章の冒頭では「速い思考からくる思い込み」を解説しました。速い思考の中でも特に手強いのが、1章でも登場した「現状維持バイアス」です。変化への抵抗は多くの場合、条件反射のようなものです。

たとえば、体型を気にして、ことあるごとに「ダイエットしなければ」と考え、いろいろと情報収集をしていても、実行しきれない人は多いですよね（かく言う私もそのひとりなのですが）。

なかなかダイエットを実行できない人が口にする言葉として、「ダイエットは明日から」があります。「体に悪いから食べすぎに注意しなければ」と「目の前にある美味しそうなものを食べたい」は、一見すると矛盾しています。食べすぎに注意しようと思っていても、目の前に美味しそうな食べ物があったら、つい手を伸ばしたくなるのが人の心情です。

このように、2つの認知がお互いに矛盾している（ぶつかっている）とき、人はモヤモヤします。モヤモヤしているこの状態を「**認知的不協和**」と言います。認知的不協和に対して、人の心はいつまでも耐えられません。認知的不協和の解消は、**自分の行動や現状を正当化する方向に向かいやすい**性質があります。

「ダイエットは明日から」という結論は、「体に悪いから食べすぎに注意しなければいけない」という決意を崩してはいませんし、「目の前にある美味しそうなものを食べたい」という欲望も満たすことができます。これは「ダイエットを先延ばしにした保留」ですが、自分の行為を（その瞬間においては）正当化してくれるのです。


ビジネスシーンでも、2つの矛盾した認知に対して、「現状維持による保留」は随所に見られます。

たとえば、職場の作業環境に対してみんなが不便さを感じており、あなたが有料のクラウドサービスを使った業務効率化を上司に提案したとします。

そのツールを使うことで業務が便利になるとしても、こういった「変化を伴う提案」に対して、上司がよく言う台詞は「提案ありがとう。少し考えてみるよ」です。

上司としても、現状の不便をなんとかしたい思いはあるはずです。一方、提案された解決策を実行するには、それなりのコストやリスクも発生します。

コストというのは、必ずしもお金がかかることだけではありません。業務ルーチンの何かを変えるには、それなりの影響があるはずです。また、クラウドのサービスであれば、セキュリティ面で安心できるのかといった不安もよぎります。

現状を変えたい気持ちに賛同はするものの、提案内容については確信が持てていない。上司は、「少し考えてみるよ」と反射的に答えてくるでしょう。「もう少し考える」という結論によって、提案を拒否するわけでも、何かを変えるリスクを取るわけでもありません。上司の行動は正当化されます。

人は「自分と異なる意見」を認めたがらない

「現状維持による保留」と同様に、知っておくべき心の性質として「自分と異なる意見」を無意識のうちに退けやすい傾向があります。

たとえば、提案を受ける購買担当者のケースで考えてみましょう。「当社のサービスは高単価だが機能が充実しているので、ぜひ導入していただきたい」と、営業は購買担当者を動かそうとします。このとき、「当社にとってはオーバースペックでは」と口にする購買担当者に対して、営業が「そんなことはありません。御社にはこれくらいの機能が必要です」と即答してきたらどうでしょうか。

両者の主張は異なっています。すると購買担当者は、「営業の言っていることは間違っているだろう」と考えやすくなります。認知的不協和の解消は、自身を正当化する方向に向かうのです。

「営業が事例として挙げた会社はたしかに成功したかもしれないが、当社はそれとは違う特殊な事情を抱えている」「この営業は当社のことをよく理解していないから、的外れなことを言っているのではないか」といったように、購買担当者は**無意識のうちに「相手が間違っている証拠」を探し始めます。**

こうなると、「この価格に見合うだけの効果があるかどうか確信できない」「社内に稟議を通すときに突っ込まれるかもしれない」と、断るための言い訳がどんどん出てくるでしょう。

自分と相手の意見が異なったときに論破しようとしても、うまくいきません。自分と異なる意見は相手から無意識に退けられやすいのです。

人は、他人に説得されるより自分に説得されたい

もともと、他人の言葉に対して耳を傾けるように人の心はできていません。**人は「他人に説得されるより自分に説得されたい」のです。**

人の心理には「**コミットメントと一貫性**」という原理があります。これは、自分がいったん口にしたことや過去に取った行動と矛盾することをしたがらないという心の性質です。過去の発言に自分の行動を整合させようとするのです。

たとえば、「あなたは今度の選挙に行く予定ですか」というアンケート調査にもとづく実験があります。ここで、「選挙に行くつもりだ」と回答した人は、その後に投票に行こうとする傾向が強くなります。

人は誰しも「よく見られたい」という心理がありますから、「あなたは今度の選挙に行

く予定ですか」と問われれば、「行くつもりはありません」とは答えづらいでしょう。そして、いったん「行く予定である」と答えたら、それを覆すのは何となく気持ち悪くなるものです。

「選挙に行きなさい」と説得されるより、自分で「選挙に行くつもりだ」と表明する機会を増やすほうが、投票率が上がります。これが「コミットメントと一貫性」の原理です。

「情報の追加」で認知に働きかける

■インパクトのある情報が追加されると結論が変わる

強引な説得が無駄に終わりやすいことについて、本章では「人の心の性質」の観点から解説してきました。

では、心変わりの難しさを踏まえたうえで、どのような働きかけが効果的なのか考えていきます。「保留したい」という性質を持つ人の行動は、どうしたら変わるのでしょうか。すべての人が必ず行動を保留するわけではなく、行動が変わることも実際にはあるはずです。

たとえば、「ダイエットは明日から」のように、目の前の誘惑に負けていた人でも、ある日受け取った健康診断のスコアがかなり悪化していて、原因が食べすぎや飲みすぎだっ

■ インパクトのある情報の追加で結論が変わる

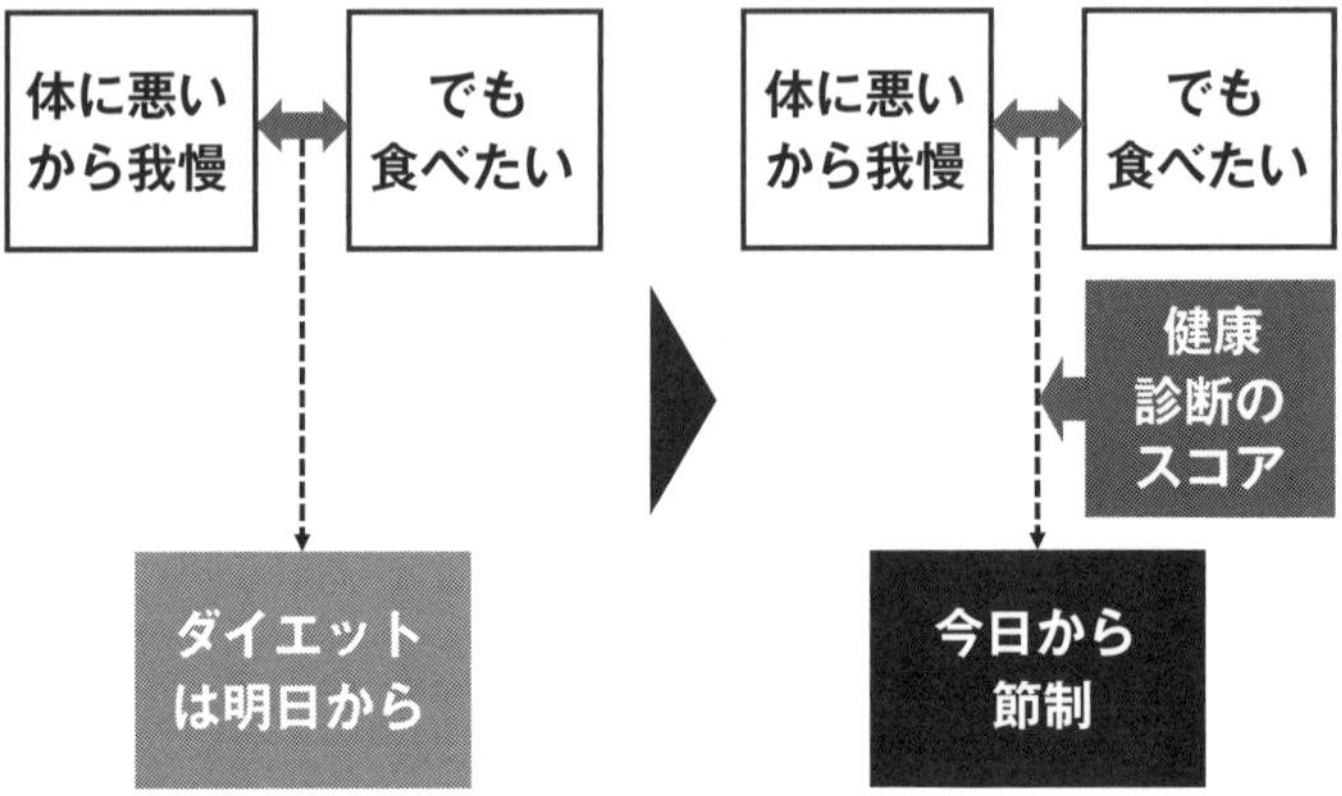

たら、さすがに食事を控えようという気持ちになります。この「今日から節制しよう」という行動は、現状維持バイアスを打破する情報によるものです。

新しく追加される情報が、想像の範疇を超えているとき、人の心は動きます。

例に挙げた健康診断のスコアは、本人にとって「想定外」のレベルでした。このように「**インパクトある情報の追加によって結論が変わる**」というのが、認知的不協和のひとつの性質です（上図参照）。

新しい情報を付け加えるときのコツ

新しい情報を付け加えて働きかけるとき、押さえておきたい4つの観点があります。

①影響の度合い

1つ目は、相手の想定を超える影響力を持つ情報を出すことです。「ダイエットは明日から」と減量できなかった人が、健康診断のスコアを見て行動を変えるのは、「健康診断の結果が、想定したよりもかなりひどかった」のが理由です。

②情報源の特殊性

2つ目は、（相手がアクセスできない）自分だけの情報源から探した情報を提示することです。この場合、情報の正当性や根拠が伴っていれば、相手に「発見」を促せます。

③情報の意外性

3つ目は、思い込みの構造を明らかにしたうえで、「意外な事実」を示すことです。

たとえば、法人営業でお客様に提案したとき、「会社としてはメリットがあるが、導入を推進する担当者の立場としては大変だ」という理由で保留されることがあります。このようなとき、「大変になると思われているのは一般論に基づく誤解で、実は担当者こそいちばん楽になるのですよ」のように、相手にとって意外な事実をぶつけるとよいでしょう。

④「損したくない」への訴求

4つ目は、「人はメリットの情報よりも、デメリットの情報に反応しやすい」という性質を踏まえることです。

心理学の用語で「プロスペクト理論」という言葉があります。特に、不確実な状況下においては、「こうしたほうが得する」よりも、「動かないことでこういう損失やリスクがある」という情報に対して、人はより敏感になります。

過度に不安を煽ったり、脅すような表現にならないよう、厳重に注意する必要がありますが、社外の相手と交渉をしたり、営業の提案をする場合は、相手を「リスクや損失から救う」ための情報を、たくさん持っておきたいところです。

■追加情報の提示は「わかってくれている感」が生まれたあとに

追加情報は出すタイミングが重要です。

たとえば、メンバー指導において、当初は「仕事をまじめにやるのは、労力に見合わず損だ」と考えていた若手社員に「この仕事に取り組むことから得られる成長」を追加提示する場合を考えてみましょう。

情報提示をする際には、相手の側に「この人は自分のことをわかってくれている」という感情が生まれているかどうかが重要です。「わかってくれている」感が生まれる前に追加提示をしてしまうと、「どうせこのマネジャーは自分を言いくるめようとしているのだろう」とネガティブな解釈をされがちです。

しかし、同じ情報を追加提示するにも、タイミングが違えば話は変わってきます。メンバーが「わかってくれている」という印象を抱いた「あと」だとどうでしょうか。「なるほど。今回の仕事を雑にこなしていたら成長機会を失ってしまうかもしれない……」とハ

■ タイミングを捉えたメモの提示から生まれる納得感

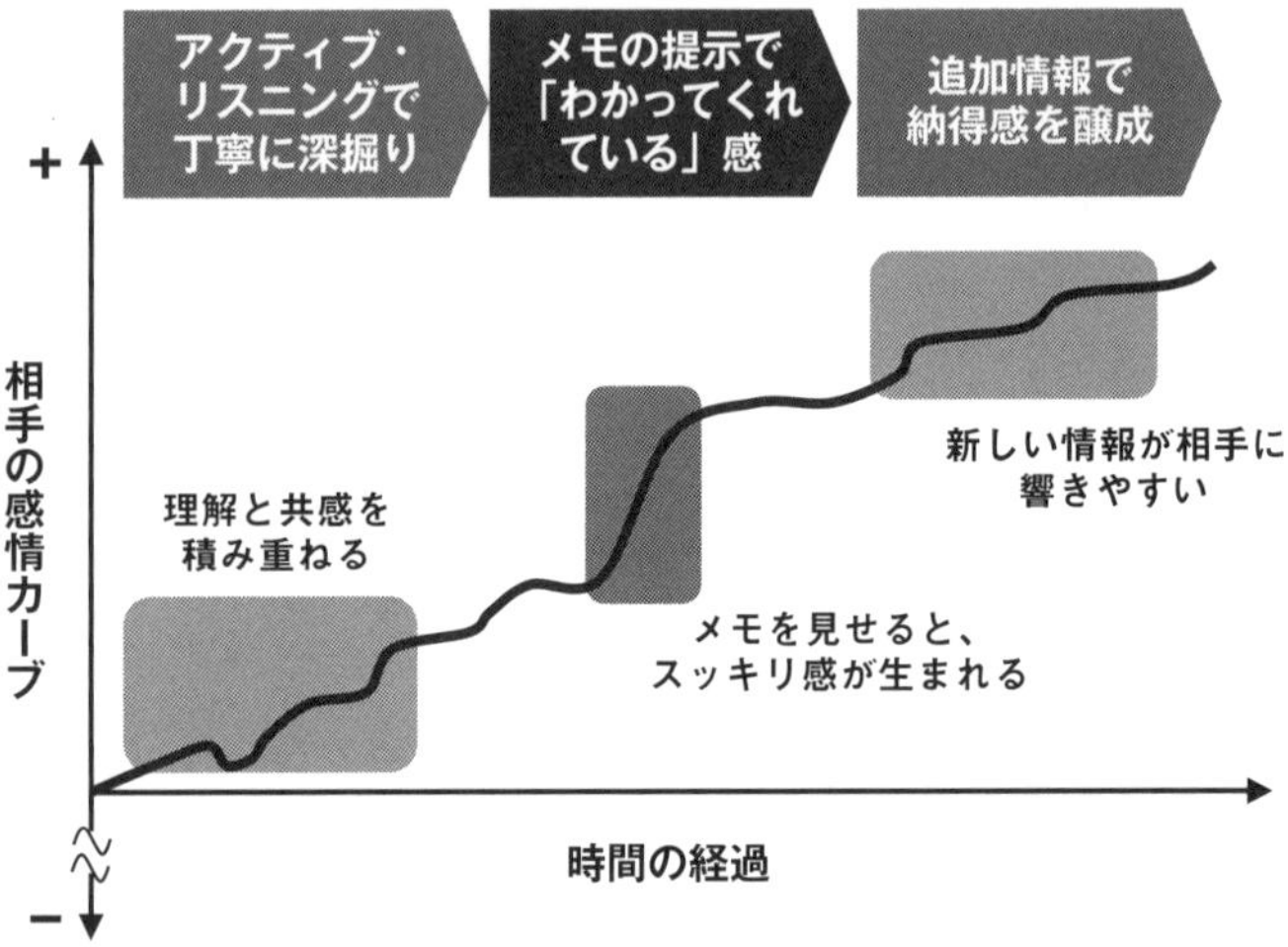

ッとしたり、マネジャーの提案に対して「せっかくなら、より大きなチャレンジをしてみたい」という前向きな気持ちが起こったりすることもあるはずです。

そういう意味で、6章「見える化する力」で言及した**「途中でメモを見せる」行為の直後は、情報提示のベストタイミング**です。話を丁寧に聴いて整理してくれたことに関して、相手はポジティブな感情を抱きます。このあとに追加情報を提示することで、相手に響きやすくなります（上図参照）。

「枠組みの変更」で認知に働きかける

認知の枠組みが変わると結論も変わる

「インパクトのある情報が追加されると結論が変わる」という話をお伝えしてきましたが、認知的不協和の解消において、結論が変わるケースがもうひとつあります。

それは**「枠組みの変更」**です。

「体に悪いから我慢しよう」と「食べたい」のあいだでモヤモヤし、「ダイエットは明日から」と思っていたとしても、この「体に悪いから我慢しよう」が「絶対に長生きしたい」というレベルまで高まったらどうでしょうか。

「体に悪いから我慢しよう」は短期的な目線です。多少の不摂生によって健康状態がいくらか悪くなってもまだ「取り返せる」範囲内であれば、それほど慌てることはないでしょう。しかし、たとえば子どもが生まれたことで「大切な家族のため、絶対に長生きした

■ 枠組みの変更でも結論が変わる

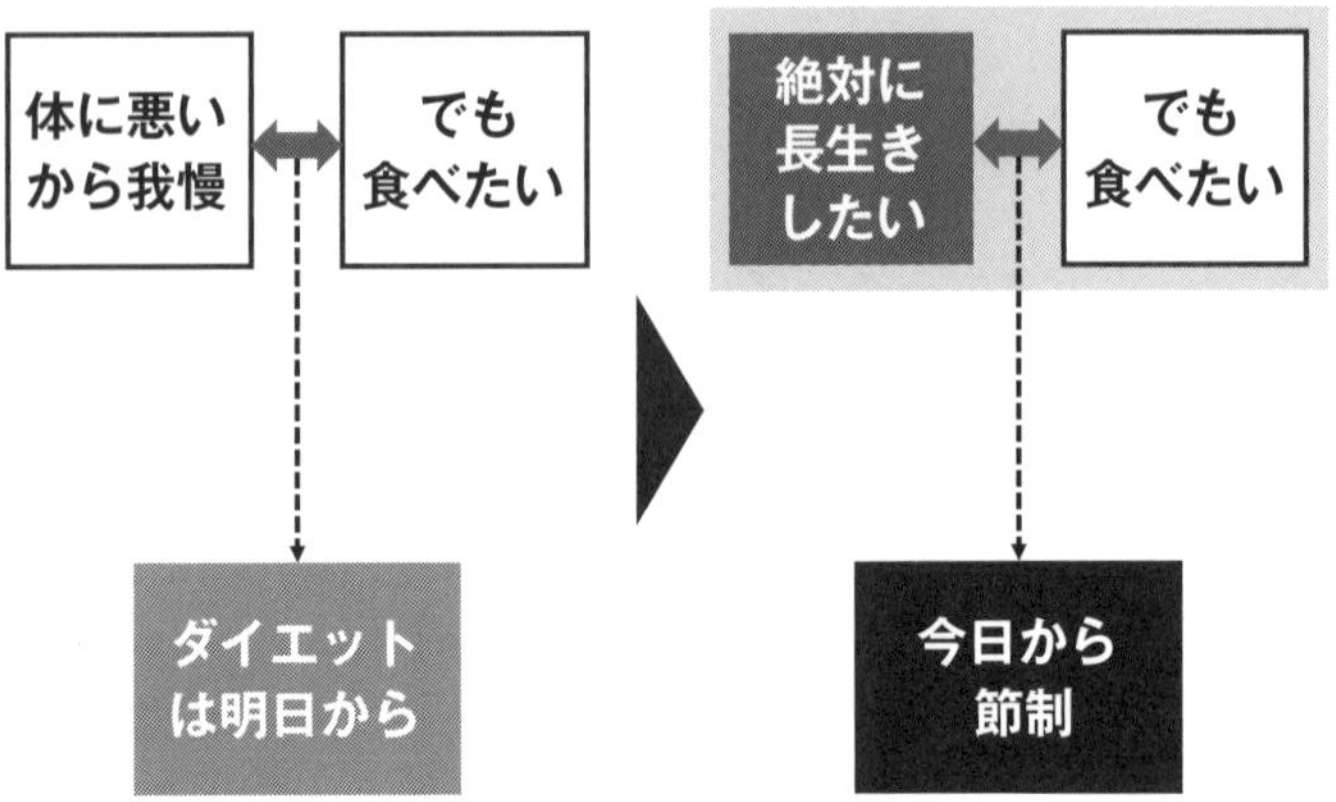

い」というレベルにまで本人の望みが昇華すると、結論はさすがに変わってきます。

もし「絶対に長生きしたい」ということであれば（もちろん「長生き」のレベルにもよりますが）、健康寿命を大幅に延ばすためには、やはり食生活の改善が欠かせません。そうすると多少の「食べたい」という欲求に対しては、ストップがかかることになります。これは「枠組みの変更」によって起こった変化です。

　このように、結論が変わるのには、認知の枠組みの変更というアプローチもあります（上図参照）。

認知の枠組みが変わるきっかけ

認知の枠組みが変わるきっかけとしてどういう場合があるかを、ここでは考えてみたいと思います。たとえば、マネジャーが「仕事に対するモチベーションが低いのでは」と感じているメンバーの指導をするケースで3つほど挙げてみます。

①相手と自分との関係性が変わったとき

メンバーが「あのマネジャーは自分を説得しようとしている」と思っている関係においては、メンバーはマネジャーの指導を受け入れることに慎重になるでしょう。合意することが自分にとって不利益になりかねないからです。しかし、その関係性が変わり、「このマネジャーは自分のことを考えてくれている」という認識になったらどうでしょうか。指導を受け入れることに対する合意のハードルは自然と下がるはずです。

②環境や前提が変わったとき

メンバーの業務内容が以前と変わったら、仕事に対する気の持ち方も変化するはずです。

マネジャーの立場からすれば、「業務内容自体を見直す」ということも選択肢のひとつに入ってくるでしょう。

③より本質的な目的が現れたとき

「体に悪くても食べすぎを止められない」という例において、「大切な家族のために、健康寿命を長くして、健やかに生きる時間を長くしたい」という目的が現れたケースを先ほど説明しました。

メンバー指導のケースにおいても、「日常の仕事に対する取り組み姿勢」という観点よりもひとつ上の段階で、「キャリアにおけるビジョンや目標」が明確になれば、同様に認知の枠組みが変わる可能性が出てきます。

さて、本章では「思い込みの壁」の乗り越え方を解説してきました。

一方で、「思い込みが外れるだけではまだ決着しない」というケースがあります。それが「損得勘定の壁」です。次章では、この壁を乗り越える「軸を動かす力」を解説します。

8章

軸を動かす力

スキル⑥

人はどのようにして合理的な意思決定をするか

慎重に決める人は「選択肢×判断基準」で考える

さて、ここまで「関係性」「情報整理」「思い込み」という3つの壁を乗り越えてきました。残る壁はあとひとつです。

相手が割に合わないと感じているのが「損得勘定の壁」です。**「軸を動かす力」は、選択肢を増やしたり、判断基準について問いかけたりして、意思決定の軸に影響を与えるスキルです。**

前章で、「速い思考」と「遅い思考」についてご紹介しました。**速い思考からくるのが「思い込みの壁」であり、遅い思考が原因となるのは「損得勘定の壁」**です。

人は何かを決めるときに「後戻りできるかどうか」を無意識に気にかけます。後戻りしづらい状況においては、損をしないように、メリットやデメリットを洗い出し、慎重に意

引っ越しを検討する場合

判断基準		選択肢		
		A 駅から近くて新しい	B 古いがかなり広い	C とにかく家賃が安い
判断基準	家賃	12 万円	10 万円	6 万円
判断基準	広さと間取り	かなり狭いがひとり暮らしなら十分なワンルーム	かなり広くて人も呼びやすい 1DK	少し狭い1K
判断基準	築年数	3 年	40 年	20 年
判断基準	駅からの距離	3 分	15 分	7 分

思決定をする場合が多いでしょう。

たとえば、「東京都心でひとり暮らしの引っ越しを検討する」というケースで考えてみます。賃貸で部屋を借りる場合、ウェブ上で探したり不動産屋で物件情報を見たりするのが一般的です。1つの物件を見ただけで、その場で決める人はごく少数でしょう。多くの人は、複数の物件を「選択肢」として比較し、家賃や間取り、築年数、駅からの距離など、いくつかの「判断基準」をもとに検討するはずです。

たとえば、上図のようにA、B、Cという3つの物件で迷う人にとっては、どれにすべきか悩ましいところです。

この状態から心が動いて意思決定がなさ

れるには、次の3通りのうちいずれかが必要になります。

①選択肢に新しいものが加わる

現状では、次のような物件の候補があるとします。

○Aは新しいし駅から近いけれど、家賃が高くて狭い

○Bはかなり広いが築年数が古く、駅からも遠い

○Cはとにかく家賃が安いが、それ以外のメリットに乏しい

このように一長一短の状態では決めきるのが難しいかもしれませんが、新しく魅力的な選択肢が現れたらどうでしょうか。「家賃も手頃で広く、新しいうえに駅からも近い」という選択肢Dを見たら、ぐっと心が動くでしょう。

②どの判断基準が大切なのかがはっきりする／判断基準の優先順位が変わる

ABCは一長一短ですが、どの軸を重視するかが定まると結論が決まります。

「築年数や駅からの近さを重視するならA」

「広さを重視するならB」

「家賃を重視するならC」
もちろん判断基準の優先順位が変化すると、それに応じて結論も変わります。

③判断基準に新しい項目が加わる

現状の判断基準だけでは決めきれないとき、実際に内見をしてみると、「家賃」「広さと間取り」「築年数」「駅からの距離」に加えて、判断基準の項目が増えていきます。
○コンビニやクリーニング店、スーパーが近くにあるので買い物がしやすい（利便性）
○設計がおしゃれで気分が盛り上がる（デザイン）
○防犯の体制や仕組みがしっかりしている（セキュリティ）
そうすると、新たに増えた判断基準をもとに、より納得できる検討結果が得られます。

このように、人が「遅い思考」に基づいて意思決定をする際には、「選択肢×判断基準」がベースになります。

相手の中にある「選択肢×判断基準」を捉える

さて、ビジネスシーンにおける「選択肢×判断基準」を考えてみましょう。

わかりやすいのは社内外との交渉です。自分としてはA案がよいと思っていても、相手はB案を望んでおり、簡単に合意に至らないことはよくあります。合意に至るのが難しい理由は、手持ちの選択肢や頭の中にある判断基準がお互い異なるからです。

また、営業と顧客のように売り手と買い手という立場に分かれるケースでは、一般的には顧客側が強い交渉力を持っています。営業としては、顧客の判断基準をつかみ、どうやって最適な選択肢として選んでもらえるかに腐心することになります。

また、社内で承認依頼をするときに、人によって判断基準が異なるために、簡単に納得が得られないこともよくあります。複数の人のあいだで合意を取り付けるときは、人によって考えが異なるので、人数が増えるぶんだけ難しさも増していきます。

いずれの場合においても、人に気持ちよく動いてもらうためには、「選択肢」あるいは「判断基準」に対して働きかけるアプローチが必要です。

選択肢の自由度を上げる

交渉の基本概念

「選択肢」について、前提知識で押さえておくべきなのはBATNAとZOPAです。

BATNAとは、"Best Alternative to Negotiated Agreement の頭文字で、「合意ができなかった場合の最善案」のことですが、「**次善策**」くらいに捉えておけばよいでしょう。一方、**ZOPA**とはZone of Possible Agreement の頭文字で、「**合意可能な領域**」になります。

ここでは、人事部の採用担当が採用面接のために現場（営業部）のリソースを借りたい場面を考えてみましょう。

採用担当としては、必要な面接の件数も多く、人手が足りていません。また、現場の先輩と話ができることは、応募者にとっても魅力的であり、現場がほしい人材を採用できる

■ BATNAとZOPA

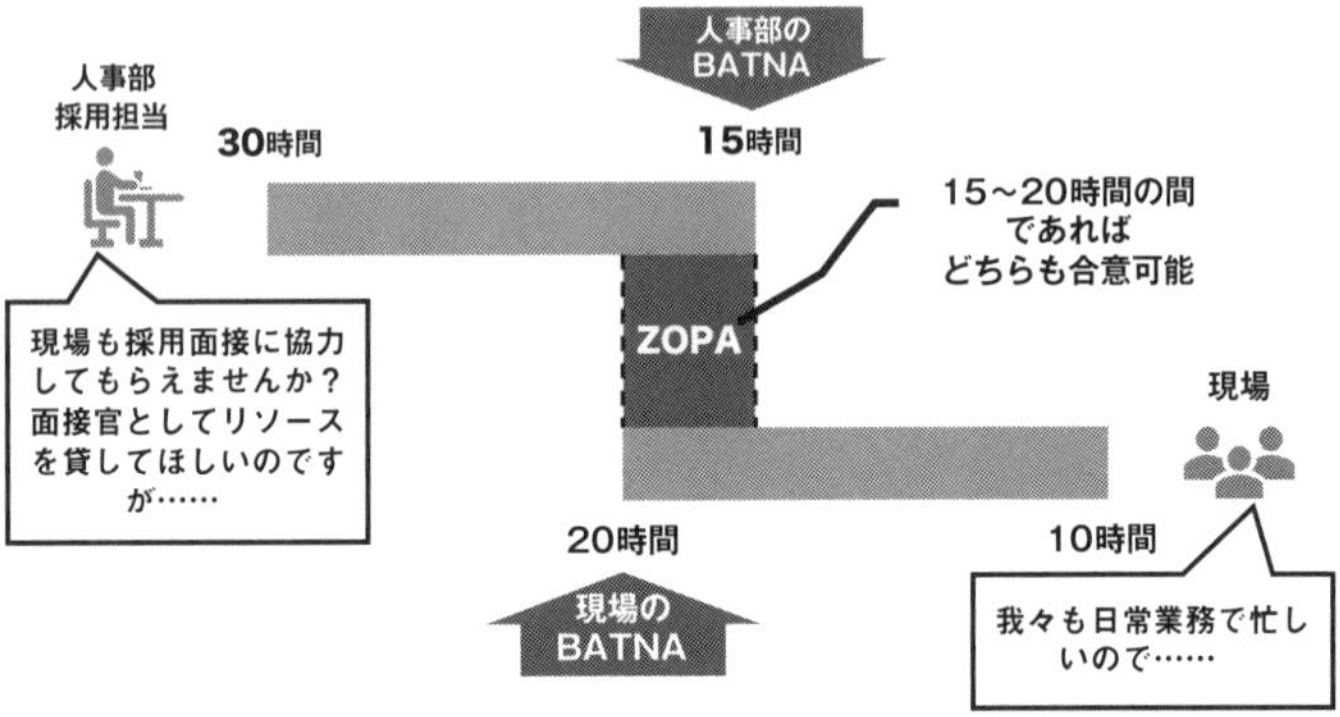
人事部の
BATNA
人事部
採用担当
30時間
15時間
15～20時間の間
であれば
どちらも合意可能
ZOPA
現場も採用面接に協力してもらえませんか？面接官としてリソースを貸してほしいのですが……
現場
20時間
10時間
現場の
BATNA
我々も日常業務で忙しいので……

というプラス面もあります。

一方で、現場の人間からすると、採用面接に協力しても人事評価にプラスになるわけではなく、忙しい時期に本業に支障が出るのは避けたいところです。できることなら採用面接に協力する時間は少ないほうがありがたい、という前提を置いてみます。

○人事部採用担当としては、**30時間**の面接協力がほしい。**最低でも15時間**は協力してもらいたい

○現場としては、協力する時間は**10時間**に抑えられると望ましい。どんなに増えたとしても**20時間が限界**

人事部にとっての理想は30時間ですが、BATNAは15時間になります。一方で、現場の理想は10時間、BATNAは20時間です。このとき、15～20時間のあいだがZOPAになります（右図参照）。人事部としては多めに協力してほしいと思っていても、現場は20時間が限界ですし、15時間を下回るようであれば人事部としては呑めないことになります。

交渉における「見逃せないリスク」とは

いわゆるBATNAやZOPAが登場する交渉でのセオリーは、次のようなものです。

○相手の情報を徹底的に調べる
○自分のBATNAに関する情報は明かさない
○なるべくよいBATNAを持っておく
○ZOPAの範囲を広げる

たとえば、採用担当の立場で有利に事を運ぼうとしたらどうなるでしょうか。セオリー通りにいくなら、次のような対応が考えられます。

○現場の稼働状況を調べて、何時間なら捻出しても大丈夫そうかの情報を得る
○最低15時間でも協力してもらえるとありがたいが、最初から明かさないようにする

しかし、セオリーを重視した交渉にはネックがあります。それは、探り合いの情報戦になりやすいことと、数字で表せない条件項目以外は軽視されやすいことです。それによって、あたかも相手を敵のように見なす「競い争うディスカッション」になります。

また、7章の「思い込み」でご紹介したアンカリングが、テクニックとして用いられやすくなります。採用担当からすれば、「理想としては、30時間はほしいのですが」と言って半分の15時間で妥結するなら、理想よりも多めの「40時間はお願いしたいのですが」と持ちかけるインセンティブが働くということです。**40時間からスタートすれば、「妥協して、半分の水準でいいですよ」と言われても20時間になります。**

これは、売り手と買い手の価格交渉でも同様に起こります。売り手はなるべく高めの価格でアンカリングし、買い手はBATNAよりも低い価格から交渉を始めるわけです。

打算に基づいてBATNAやZOPAを考えるのは、短期的に成果を得るうえでは有効かもしれません。しかし、その場では妥結しやすくても、長期的に相手とよい関係を築くことは難しくなります。気持ちよく動いてもらうためには、BATNAやZOPAにとらわれすぎず、選択肢を増やすという発想をおすすめします。

創意工夫によって選択肢を増やす

「選択肢を増やす」というのはどういうことでしょうか。

ブレインストーミングの名付け親であるA・F・オズボーンが開発した「**オズボーンのチェックリスト**」というアイデア発想法をもとにした、SCAMPERというフレームワークがあります。SCAMPERとは、次の頭文字を取ったものです。

○Substitute：代用できないか？
○Combine：ほかのものと組み合わせられないか？
○Adapt：すでにあるアイデアを適用できないか？

○Modify：修正できないか？
○Put to other uses：転用できないか？
○Eliminate：削除／削減できないか？
○Rearrange：並べ替えや再編集ができないか？

「面接協力依頼」のケースにおける選択肢を、SCAMPERでアイデア出ししてみましょう。

Substitute：代用できないか？
○面接に対して快く協力してくれそうなほかの部署にお願いする
○面接官としてお願いしようとしていた人物をほかの人に交代してもらう

Combine：ほかのものと組み合わせられないか？
○人事部と営業部のリソースを組み合わせて、「1日の仕事体験インターン」を企画する

Adapt：すでにあるアイデアを適用できないか？

○スポーツの世界にある「レンタル移籍」というアイデアを適用して、営業部と人事部とのあいだでの「レンタル移籍」を提案する

Modify：修正できないか？

○そもそも選考プロセス自体を見直して、面接のやり方を変えられないか検討する（例：現場面接→人事面接→役員面接というプロセス自体を見直す）

Put to other uses：転用できないか？

○現場には面接ではなく、社員懇親会など別の採用イベントにて協力してもらう

Eliminate：削除／削減できないか？

○1回あたりの面接時間や面接回数を削り、トータルで面接に必要な時間を圧縮する

Rearrange：並べ替えや再編集ができないか？

○当初は、選考プロセスの最初のほう（一次面接）だけ現場に依頼しようとしていたが、

それだと期間が集中するので、一次面接と三次面接に分けて、「一度にたくさんリソースを取られる」という不安を解消する

このように、**選択肢自体を増やすことによって、ＢＡＴＮＡとＺＯＰＡをベースにした交渉の世界観から、「共に創る」方向へと向かっていくことができます。**

判断基準をキークエスチョンで動かす

■判断基準を確認する「要件整理」

選択肢を創意工夫によって増やすことも効果的ですが、状況によっては選択肢が増やせないこともあります。そんなときは、判断基準を動かすディスカッションの技術を上げておきたいところです。

相手の判断基準を確認するアクションとして**「要件整理」**という考え方をご紹介します。244頁の図表は、営業がお客様に提案する際、「お客様の判断基準に沿った提案をしている」ことを示す場面で用いる1枚の表です。

まず縦軸を見ると、①から⑤までのキーワードが上から順に並んでいます。これが「**今回の要件**」です。今回の要件というのはすなわち、キーワードの列挙を指しています。そ

判断基準にフィットした結論を出すための「要件整理」

	今回の要件	具体的な内容	今回の対応
①	マネジメントスキルや部下育成力の強化	部下に対して権限移譲や育成を効果的に行うための必要スキルを習得	実践度の高い臨場感ある演習や講義を盛り込んだプログラム設計
②	多クラス開催での講師確保	複数クラスでの開催にあたり、マネジメント経験を豊富に持つ講師を揃える	万全の講師育成体制に基づく講師層
③	リーダーシップへの意欲醸成	現場目線に陥りすぎず、経営者目線で組織を強く牽引できるマインドセットへの刺激	将来を見据えた意識醸成を図るため、貴社経営メッセージと照らして、目線を上げる仕掛けや仕組みを構築
④	運営支援	対象人数が多いため、案内や事前・事後課題および職場の巻き込みへの支援が必要	特に対象人数が多い研修において、運営面で必要なタスクとスケジュールの一覧、および弊社の支援ポイントをご提示
⑤	費用	予算を考慮しながら、いくつかのオプションを用意	要素を分解した段階的な見積オプションを作成

網羅性（縦軸）　優先順位（下向き矢印）　具体化（横軸）

して、各キーワードについて「**具体的な内容**」の記述が右側にあります。これはそれぞれのキーワードが何を表しているのかを説明しています。左半分にある「今回の要件」と「具体的な内容」に対して、「**今回の対応**」をキーワードごとに書いた欄が右半分にあります。これによって「各キーワードについて結局どんなアクションを取るべきなのか／取りたいのか」が言語化されています。

この要件整理を縦に見ると、**キーワード**が5つに集約されています。お客様の要望や課題として、これ以外に大事なポイントの抜けもれはないことがわかれば、**網羅性**

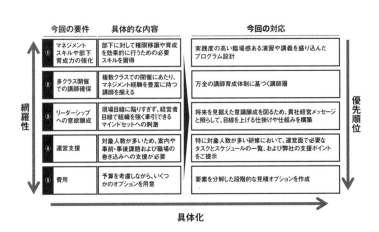

が担保されていることになります。さらに、左から右へ行くにしたがってキーワードが徐々にブレイクダウンされ、**具体化**されています。また、このキーワードは上から**優先順位**が高い順に並んでいます。一番上にあるのが、最も大事な項目です。

ディスカッションの成果物として、このような「要件整理」ができると、この議論が結局どういうものだったのかを関係者間で確認するときに大いに役立ちます。要件整理は、判断基準に対してフィット感のある結論を導き出すうえで重要なアクションです。

■判断軸を動かす「キークエスチョン」

要件整理をすると「キーワード」「網羅性」「具体化」「優先順位」が明らかになります。

一方、人は日常的に、そんなにすっきり整理しながら考えているわけではありません。相手の判断基準を確認すると、次のようなことはよくあります。

○そもそもキーワードがはっきりしていない

■ 判断軸を動かすキークエスチョン

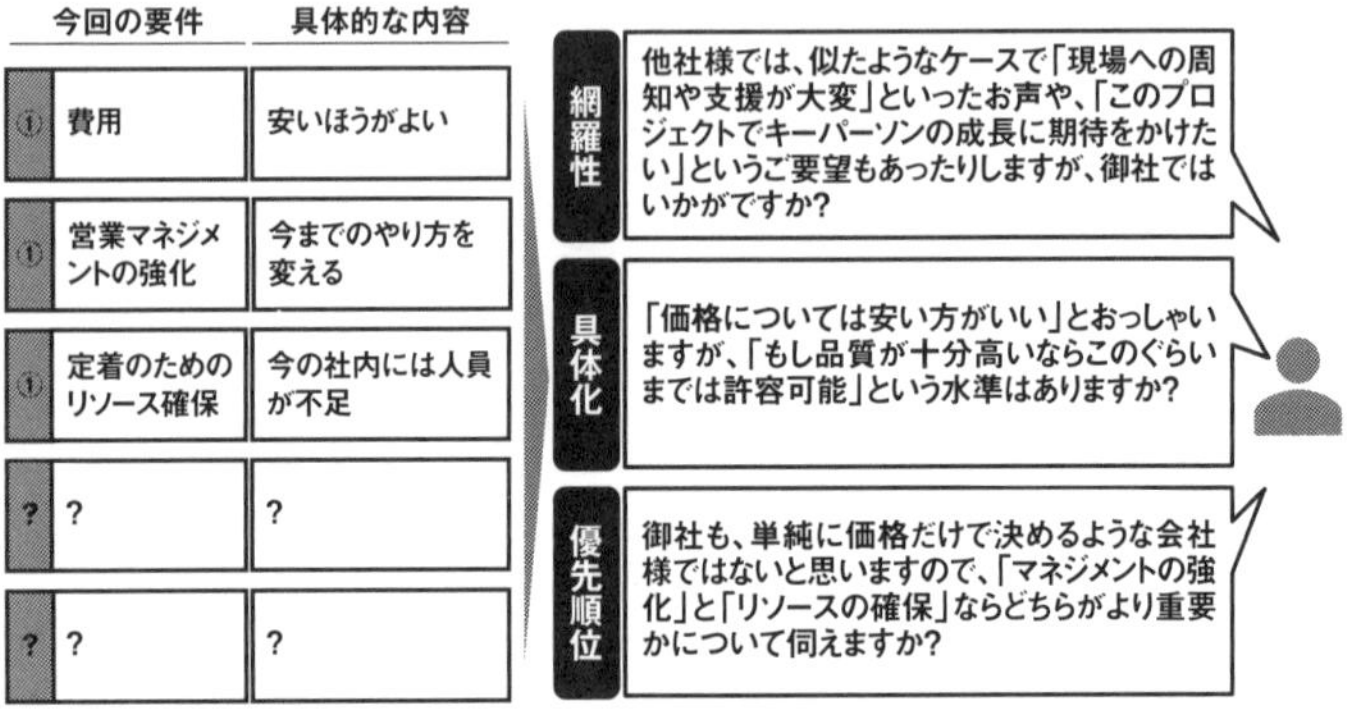
今回の要件
具体的な内容
① 費用
安いほうがよい
① 営業マネジメントの強化
今までのやり方を変える
① 定着のためのリソース確保
今の社内には人員が不足
? ?
?
? ?
?
網羅性
他社様では、似たようなケースで「現場への周知や支援が大変」といったお声や、「このプロジェクトでキーパーソンの成長に期待をかけたい」というご要望もあったりしますが、御社ではいかがですか？
具体化
「価格については安い方がいい」とおっしゃいますが、「もし品質が十分高いならこのぐらいまでは許容可能」という水準はありますか？
優先順位
御社も、単純に価格だけで決めるような会社様ではないと思いますので、「マネジメントの強化」と「リソースの確保」ならどちらがより重要かについて伺えますか？

○項目に抜けもれがある
○情報が抽象的すぎて、あいまいなままになっている
○判断基準の優先順位が定まっていない

そこで、特に「網羅性」「具体化」「優先順位」の観点から、相手に対して問いかけていきます。これが、**判断基準を動かすキークエスチョン**です（上図参照）。

お客様に提案する営業のシーンで考えてみましょう。

たとえばお客様が、なんとなく複数のキーワードを出してきたとします。でも、営業が「それ以外にも、大事なことがもう少

しありそうだな」と感じたら、「他社の事例ではこういうことがあったのですが、御社ではいかがですか？」と投げかければ、いま出てきているキーワード以外にまだ見えていない抜けもれを発見できます（**網羅性**）。

また、要件のキーワードが出てきても「それはどういうことなのか」がいまひとつ詰められていないのであれば、よりはっきりさせるための問いを投げかけることで、キーワードに対する解像度が上がっていきます（**具体化**）。

さらに、何が最も重要なのかが定まっておらず「どれも大事」と言うお客様に対して、「何かを選ぶということは、何かをあきらめなければいけないのでは」という観点から質問をすることで、核心に迫ることができます（**優先順位**）。

相手にとっても、どこまでが明確でどこがぼやけているかといったことに気づくのはそう容易なことではありません。他者から質問されることによって、「そういえば、それが抜けていたか！」と気づくのです。

気づきを生むようなキークエスチョンは、判断軸をよりクリアなものへと磨きあげます。そして、気づかせてくれる人の存在は、大事な意思決定がかかっている場では特に重宝されます。

このように、「網羅性」「具体化」「優先順位」の観点から尋ねるキークエスチョンによって、意思決定の場に対して影響力を持てるのです。

よく、「キークエスチョンを投げられるようになるコツはありますか?」と聞かれます。たとえば社内の打ち合わせでは、結論を出す前のチェックポイントとして、「網羅性」「具体化」「優先順位」を会議室の見やすいところに貼っておくと、こういった観点が日常化されるのでおすすめです。

キークエスチョンは十分に深掘りをしてから

キークエスチョンを投げるのは、十分に深掘りしたあとのタイミングが効果的です。

5章「理解を深める力」で相手を理解するために深掘りが重要であることや、相手の脳内にある情報の「4つの階層」を説明しました。**最も深いところにある「聞かれるとハッとするような発見が起こること」にアクセスするのが、キークエスチョン**です（左図参照）。

■ キークエスチョンは十分に深掘りしてから

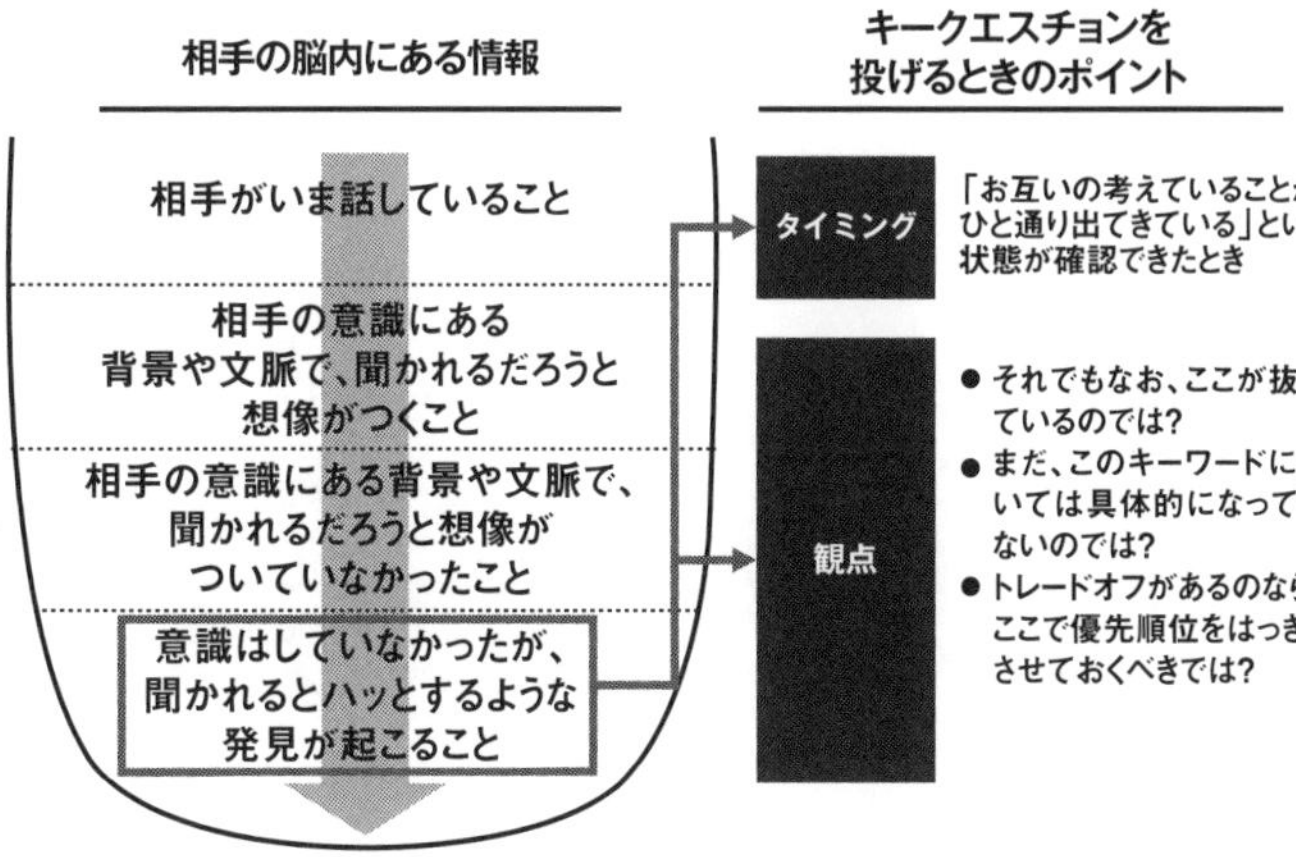
相手の脳内にある情報
キークエスチョンを投げるときのポイント
相手がいま話していること
相手の意識にある背景や文脈で、聞かれるだろうと想像がつくこと
相手の意識にある背景や文脈で、聞かれるだろうと想像がついていなかったこと
意識はしていなかったが、聞かれるとハッとするような発見が起こること
タイミング
「お互いの考えていることがひと通り出てきている」という状態が確認できたとき
観点
● それでもなお、ここが抜けているのでは?
● まだ、このキーワードについては具体的になっていないのでは?
● トレードオフがあるのなら、ここで優先順位をはっきりさせておくべきでは?

たとえば、業務のアウトソーシングを引き受けるにあたり、発注元の企業と交渉する場面を考えてみましょう。アウトソーシングは、「お金」と「時間」に偏った基準でコミュニケーションされがちです。すなわち、発注元は「できるだけ楽をして、低価格で発注したい」と考えますし、引き受ける会社は「なるべく負荷や工数を抑えて、高価格で受注したい」と考えます。このようなとき、お金と時間だけしか論点に上がっていないと、受託先にとって厳しい条件になりがちです。では、引き受ける側が、なるべく無理のない案件となるよう交渉するうえでは、どうしたらよいでしょうか。

まず、アウトソーシングの対象になっている業務についてヒアリングをするでしょう。そして、業務遂行にあたって、十分に利益を確保できる高価格で受託するためには、この業務がそう簡単ではないことを、発注元に理解してもらう必要があります。そこで、ひと通り業務内容をヒアリングしたあとに、次の観点で問いかけます。

○品質とコストにトレードオフがあるので、優先順位をはっきりさせておくべきでは？
○まだ、この業務要件については具体的になっていないのでは？
○検討のポイントとして、ここが抜けているのでは？

核心を突く問いを投げかけられると、発注元にとってハッとする発見が起こります。発注元の担当者が「お願いするにあたって、信頼のおけるプロだ」と認識してくれれば、引き受ける側としては、利益を確保できる価格を提示しやすくなりますし、発注元とも信頼関係を築いたうえで業務に臨めます。

このキークエスチョンは、序盤に投げかけても、あまり相手の印象には残りません。**ある程度の基本情報ヒアリングが終わり、さらに深掘りされたあと、要件が煮詰まってきて**

から問いかけることでインパクトが増すのです。

キークエスチョンによって議論が深まると、検討はより納得感を増したものになります。

さて、本章「軸を動かす力」では、選択肢と判断基準に影響を与えるスキルについて学びました。「関係性」「情報整理」「思い込み」「損得勘定」という4つの壁を乗り越えたら、あとは相手を巻き込み、二人三脚で推進するのみです。

9章

スキル⑦

巻き込む力

#「合言葉」で全員の熱量を上げる

▒共に動くための「合言葉」をつくる

4つの壁を乗り越えて気持ちよく合意できたら、熱量が落ちないように、関係者全員にとって「自分ごと化」していく必要があります。

「巻き込む力」とは、決めたアクションが着実に遂行されるよう、相手と一体になって推進していくスキルです。

せっかく合意が得られても、その後のアクションで停滞するのは避けたいところです。合意したはずなのに相手が動いてくれないとき、考えられるのは、「合意自体が緩い」「アクションが明確でない」「フォローが十分でない」といった原因です。

本章では、**「合意をたしかなものにする合言葉」「明確なアクションプラン」「寄り添う**

伴走フォロー」という3つのポイントを解説していきます。

まず、「合意自体が緩い」という問題については、「見せかけの合意」と「心からの合意」を見極めないといけません。

たとえば、営業の方から「お客様と合意をしたはずなのに、商談が終わると温度感が下がってしまい、うまく動いてもらえない」という悩みをよく相談されます。この原因は、「(希望的観測から)見せかけの合意を心からの合意と捉え違ってしまっている」ことがほとんどです。

特に、社外の相手とのコミュニケーションにおいては、「合意の納得感」にはこだわる必要があります。人は誰でも「相手には、なるべくいい顔をしておきたい」と思っていますから、はっきりと否定せず、表面的には賛同の意を示すという行動をとりがちです。「前向きに検討します」はこれの典型でしょう。

しかし当然ながら、「前向きに検討する」は心からの賛同ではありません。場の雰囲気に流されて合意したことは、時間が経つにつれてうやむやになってしまいがちです。表面的な合意で終わらせず、「気持ちのよい合意」を得るためには、相手の熱量を上げることが大事です。

相手の熱量を上げるには、どうしたらよいのでしょうか。

それは、具体的なアクションを整理する前に、「なぜそれに取り組む必要があるのか」を自分の言葉で説明できる状態になってもらうことです。そのためには、**打ち合わせ中に出た相手の言葉を丁寧に拾って、なるべく相手から出てきたキーワードでまとめていく**とよいでしょう。

このとき、途中でメモを相手に見せていれば、相手の発言内容をフォローできている安心感があります。相手の言葉はメモの中にたくさん入っているので、そこからキーワードを見つけていけばよいのです。

たとえば会話の中で、相手から繰り返し出てくる言葉があったとします。繰り返し出てくるということは、その言葉に対して何らかの感情を抱えている証拠です。その言葉がポジティブなものであれば、「それを推進する」という方向でキーワードにできます。ネガティブなものであれば、「それを解決する」という方向に持っていくのがよいでしょう。

いずれにせよ、何回も繰り返し登場する言葉に焦点を当てることが重要です。

なぜ登場回数の多い言葉をキーワードにするのかというと、合言葉をつくったときに、その合言葉が「流行る」ことが大事だからです。流行るというのは、いろいろな人が口にし、記憶からなかなか消えないということです。

次のアクションを進めていくときに、キーワードが関係者のあいだで共通言語として使われる合言葉になっていないと、そのうち忙しさなどの理由で実行が滞ってしまいます。そこで、繰り返し登場したキーワードをもとに「合言葉」をつくることが大事になってくるわけです。

合言葉をつくるときのコツ

合言葉をつくるとき、テクニックとしていくつかの切り口を覚えておくと便利です。

最もやりやすいのは、関係者全員にとって自分ごと化していくために、**たくさん登場したキーワードに「大作戦」「祭り」「キャンペーン」「プロジェクト」といった言葉をつけて使う**ことです。2章「共に創るディスカッション」のケースでは、上司へ承認依頼をするときに、上司である部長が「お客様に寄り添う」という言葉を多用していたことから、「寄り添う営業プロジェクト」と名付けていました。

また、**キーワードの頭文字をつなげた言葉をつくるというアプローチ**もあります。料理の「さしすせそ」(「さ」は砂糖、「し」は塩、「す」は酢、「せ」は醤油、「そ」は味噌)のようなものです。

たとえば、私の会社は、お客様から「営業の『型』をつくりたい」と、よく相談をいただきます。大事なポイントを組織内で展開していただくために、「合言葉」を積極的に活用しています。

拙著『無敗営業 チーム戦略 オンラインとリアル ハイブリッドで勝つ』(日経BP)に詳しく書いていますが、当社では営業の「型」を支える3つの要件として、**じゃんけんのグー・チョキ・パーになぞらえて表現した資料**をお送りしています。

グーは「具体的な動画のサンプル」、チョキは「チェックポイント」、パーは「パフォーマンスの確認」です。この資料がお客様の社内で浸透することで、私たちとお客様のあいだに「共通言語」が生まれます。それによって、「まずは『グー』(具体的な動画や資料のサンプルづくり）から取り組みたい」と声をかけていただくなど、話がスムーズに進むのです。

「合言葉」と聞くと、キャッチコピーやスローガン、あるいはビジョンのようなものを思い浮かべる方もいらっしゃるかもしれません。もちろん、お題目として掲げるのに、思わず口ずさみたくなるキャッチーな言葉が思い浮かべばよいのですが、きれいな言葉にすることにそれほどこだわる必要はありません。それより大事なのは、「関係者のあいだで当事者意識を持てる」ことです。

熱い想いを「アクションプラン」に落とし込む

▪アクションを合意する前に成果を確認する

共通のキーワードを合言葉にすることで、各関係者にとって合意が「自分ごと」になりやすくなります。

次に考えるべきなのは、「いつ・誰が・何をやるのか」というアクションプランですが、その前にチェックしておくべきことがあります。

それは**ディスカッションの成果**です。

ディスカッションの成果は縦軸が「全員の受容度」、横軸が「内容の質」の図解で整理できます（左図参照）。縦軸の「全員の受容度」とは、結論に対する納得感です。受容度が高ければ全員が納得していることになり、低ければ誰かが納得していなかったり、反対者がいたりするということです。

■ ディスカッションの成果

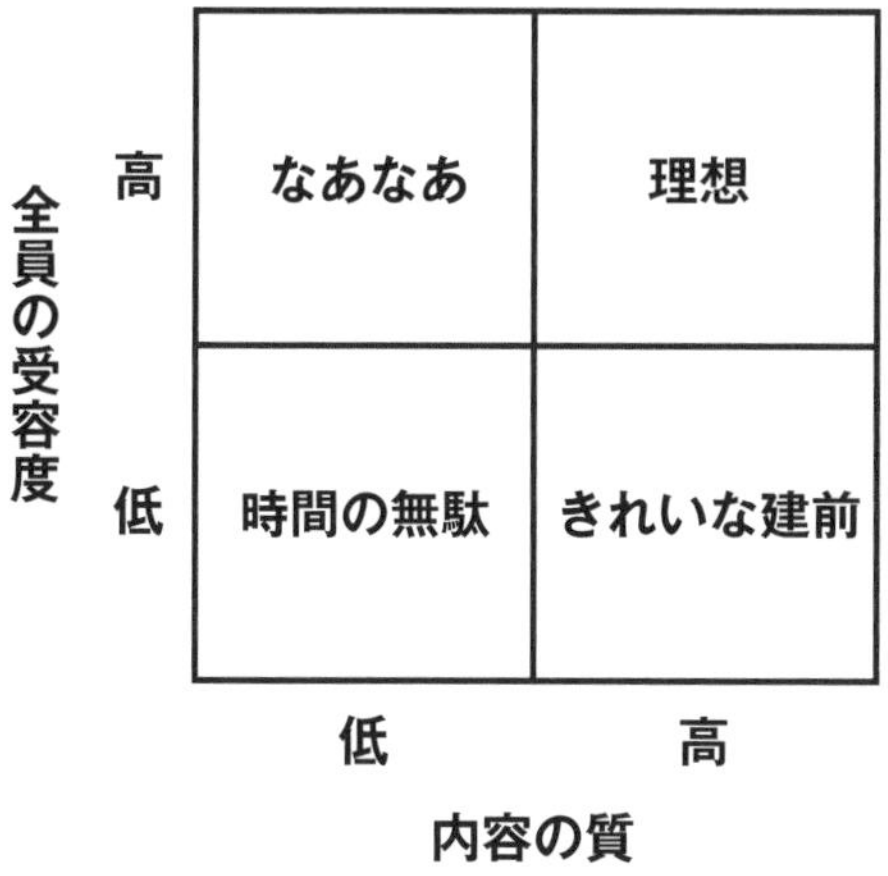

横軸の「内容の質」とは、ディスカッションを通して生まれた成果物のクオリティです。

この図では、右上が理想の状態で、「内容の質も受容度も高い」ということです。右下は「きれいな建前」です。パッと見はきれいに整理されているものの、まだ納得がいっていないという状態です。左上は「なあなあ」の状態で、受容度は高いけれど内容の質が低いときはここに当てはまります。左下は「時間の無駄」で、せっかく時間を割いてディスカッションをしたのに、こんな結果になるのは避けたいところです。

「次のアクション」を合意する前に、理想の状態になっているかどうかを確認しまし

よう。

競い争うのではなく、共に創ったからこその「進化」は、いくつもの壁を乗り越えるから生まれるものです。さまざまな角度から検討を重ねることで、進化した成果になっているかどうかが重要です。

アクションプランに必要な要素

アクションプランには「いつ・誰が・何をやるのか」が必要です。これをどのような形式でまとめたらよいのかと質問をいただくことがあります。そこで、サンプルを1枚載せておきます（左図参照）。

横軸には次の2つの項目を置いています。

○時期：「具体的にいつ」という期間

○フェーズ：この期間を象徴する言葉（図の中で矢羽で表現している「ヒアリング」「要件定義」「パイロット」など）

■ アクションプランの例

	3月 ヒアリング	4月 要件定義	5月 パイロット
目的	● 貴社業務についての課題理解	● 改善後の業務要件定義	● パイロットメンバーによって試験運用を行い、伴走支援
想定成果物	● 会議オブザーブの所感メモ ● マネジャーへのヒアリングメモ ● 担当へのヒアリングメモ	● 運用方法の具体案	● パイロットをもとにした改善案
所要時間	● 6名に対して合計180〜210分程度のヒアリング	● 現場を巻き込み、60〜90分のディスカッションを3回	● 現場を巻き込み、60〜90分のディスカッションを3回
貴社への依頼事項	● 下記のセッティング ✓ 担当3名へヒアリング ✓ 会議のオブザーブ ✓ 会議の後、マネジャーへヒアリング	● 現場への周知 ● 資料提供やヒアリング調整 ● 弊社案に対するフィードバック	● 対象者との日程調整 ● パイロット運用中の資料提供
当社のアクション	● 会議へのオブザーブ ● マネジャーおよび営業担当へヒアリングを主導	● 運用方法の案を提示	● ディスカッションのリード ● 改善案を提示

縦軸は、目的からブレイクダウンしていく流れになっています。

○目的：このフェーズにおける活動の目的
○想定成果物：このフェーズの活動が終わるとできあがってくるはずのもの
○所要時間：成果物をつくるのに、関係者の時間をどのぐらい使いそうなのか
○相手への依頼事項：相手に対してお願いしたいこと
○自分のアクション：自分（自社）が担う役割と行動

こちらのアクションプランは、「業務生産性の向上を支援する会社が、発注企業と

3カ月間のプロジェクト進行イメージを合意する場面」を例に書いています。「何のために」から始まり、ブレイクダウンしていくように書いていくと、基本的な抜けもれを防ぐことができます。

「巻き込む力」においては、相手と自分が一体となって実行していく感覚が重要です。共につくった1枚のアクションプランを大切に共有しましょう。あとは実行するだけです。

抜かりなく「伴走フォロー」する

■メモは単なる記録ではなく「動かす」ためのもの

アクションをフォローするために、メモはとても重要な役割を果たします。どういうタイミングでどのようなメモを作成するのがよいのかを図にまとめてみました（266頁の図参照）。

まず「事前準備の段階で書くメモ」があります。人に見せるものではなく、個人的なメモです。これは、特に3章「想定する力」、4章「段取りする力」の内容を、手元に記したものになります（**バージョン0**）。たとえば、次のようなものです。

○「ゴール」「壁」「対応策」をT字で書いたもの

■ 時系列に沿った「メモ」の位置付け

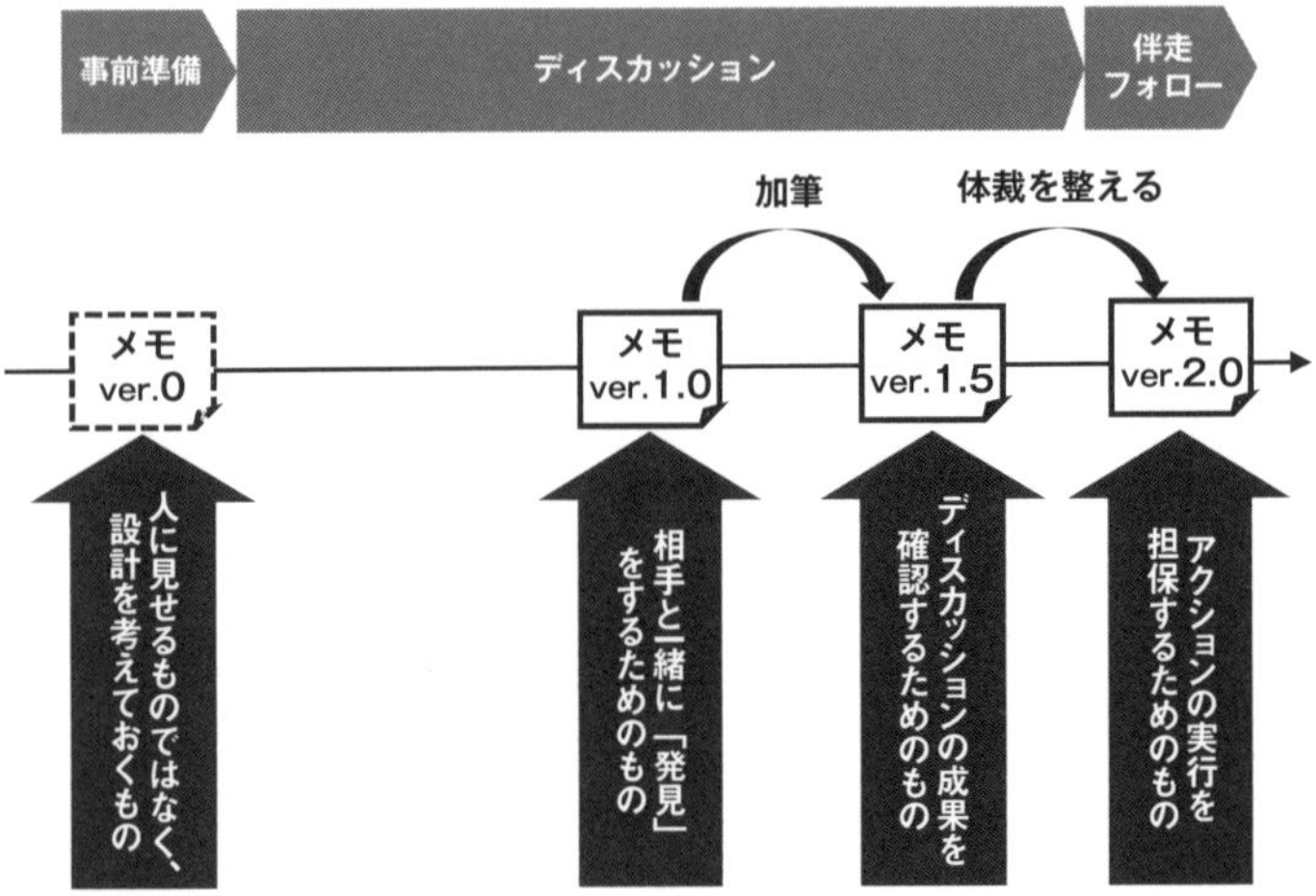

事前準備
ディスカッション
伴走フォロー
加筆
体裁を整える
メモ ver.0
メモ ver.1.0
メモ ver.1.5
メモ ver.2.0
人に見せるものではなく、設計を考えておくもの
相手と一緒に「発見」をするためのもの
ディスカッションの成果を確認するためのもの
アクションの実行を担保するためのもの

○資料を「初期情報」「追加情報」でどう区切るかのライン

○打ち合わせの時間配分やアジェンダ

そしてこの準備をもとに、ディスカッションが始まります。「前半はなるべく相手に話してもらい、後半でポイントを絞って議論する」という2段階の進行で設計された場では、途中でメモを提示するタイミングがやってきます（**バージョン1・0**）。

議論の流れを「見える化」して提示し、ポジティブな感情が生まれたあと、後半に向けて整理するプロセスに入ります。ここでキークエスチョンを投げかけると共にメモに加筆していきます。このときの位置づけは、「ディスカッションの成果を確認するためのメモ」です（**バージョン1・5**）。

とはいえ、打ち合わせの最中に見せるものですから、さほどきれいに体裁が整っているとは限りません。そこで、事後の伴走フォローに向けてメモの体裁を整えます（**バージョン2・0**）。これがいわゆる「議事録」です。

打ち合わせ後に送る議事録には、もし異論や認識のずれがあったときに、きちんとあとで拾えるような文面を末尾に入れておきましょう。たとえば、「恐れ入りますが、認識のずれやもれがありましたら、文責の私までご連絡いただけますと幸いです」などの簡単な表現でよいかと思います。

ここまでやることで、アクションの実行を担保するための構えができます。関係者のあいだで、どういう背景で、何を実行するのか、それはいつまでかといった情報をしっかり握ることができるのです。

時系列に沿った「メモの位置付け」を見ていくと、「メモを打ち合わせの途中で確認すること」の意義がなおさら実感できると思います。**途中の段階でいったんメモを見せておくと、認識のずれが起こりにくい**のです。関係者を巻き込んで進めるうえで、これは重要なことです。

アクションは、実行の確認まで含めて1セット

「エビングハウスの忘却曲線」という有名な理論があります。人は時間が経てばどんどん忘れていき、再び思い出すのに時間がかかるようになるというものです。

時間と共に記憶が薄れれば、当然、合意したことは実行に移されにくくなります。**特に重要な事項については遅くとも24時間以内に、相手に何らかのアクションをしてもらうように**働きかけたほうがよいでしょう。

しかし、相手との関係によっては、「実行したこととの報告」を求めるのは難しい場合もあります。

たとえば、上司に何かの合意をもらいつつ、上司側にもアクションが発生した場合に、

「しっかり実行してくれたかどうか、上司から報告をもらう」のは難しいでしょう。そのような場合は、24時間以内に15分程度のショートミーティングを設けておきます。「次のアクションに向けて（自分から）相談をする」などの名目で、あらかじめ時間をもらっておくのです。そうすれば、ショートミーティングの場で、さりげなくその後の状況確認ができます。

お客様や社外の相手についても同様です。社外の人に報告をしてもらうことは簡単ではありませんし、ましてや24時間以内にそれを求めることは現実的ではありません。そこで、翌日に電話をする約束をしておき、電話で「簡単なすり合わせをさせてください」というのもひとつの手です。

このように、**アクションは「決める」だけでなく「実行したかどうかの確認」まで含めて1セット**です。

人は保留したがる生き物ですから、少し障害が起こっただけで行動を止めてしまいます。本書で扱っている「合意」についても、「合意」から「実行」に移される段階における停滞要因はたくさんあります。「やらない理由」は山ほど挙げられるのです。停滞を防ぐために伴走フォローする対策を打っておきましょう。

「愛される心配性」であれ

次のアクションを伴走フォローするとき、「相手にうっとうしがられるのではないか」と懸念して、確認を控えてしまう方がいます。もちろん、相手の業務を邪魔したり、ネガティブな気持ちにさせたりしては元も子もありません。このあたりは、ビジネスパーソンとしてきちんと配慮したいところです。

ただ、私がここで強調したいのは「**配慮と遠慮は違う**」ということです。勝手に遠慮して確認を怠ることは、せっかく積み上げた合意を台無しにしてしまうリスクがあります。

そこでおすすめなのが、**「愛される心配性」というキャラクター設定**です。

あなたが「よい意味で（みんなのためにという観点で）心配性な性格である」と見なしてもらうのです。心配ゆえにこまめに確認する姿が、周囲から「あなたらしい、微笑ましい行動」と見なされれば、多少の細かい確認も「まあ、あの人は心配性だからね（笑）」と大目に見てもらえます。

これには、もちろん日頃からの人間関係づくりが欠かせませんし、相手にとって気持ちのよいコミュニケーションや、礼儀のわきまえが大切です。

周囲からポジティブな目で見てもらいつつ、要所ではきっちり細かく確認をしていきましょう。最後の「詰め」を抜かってはなりません。**徹底した「巻き込み力」によって、共に創るディスカッションは実を結ぶのです。**

10章

「気持ちよい合意」の先にあるもの

共創することで見えてくる世界

仕事の影響範囲が広がる

「共に創るディスカッション」によって、「関係性の壁」「情報整理の壁」「思い込みの壁」「損得勘定の壁」を乗り越えられるようになると、見えてくる景色があります。それは、仕事の影響範囲が格段に広がった世界です。

「競い争うディスカッション」しかできない状態では、強引に説得するか、あるいは相手を正しさで上回れなければ、安易な妥協をせざるを得ないことになります。最悪の事態としては、グダグダな議論で終わってしまうこともあります。

「共に創るディスカッション」のスキルを身につけることで、相手と気持ちのよい合意に至る道筋が見えてきます。**当初はいろいろな壁が存在していても、関係者全員にとって自分ごと化した結論をつくり出せるようになる**のです（左図参照）。

■「気持ちのよい合意」の先にあるもの

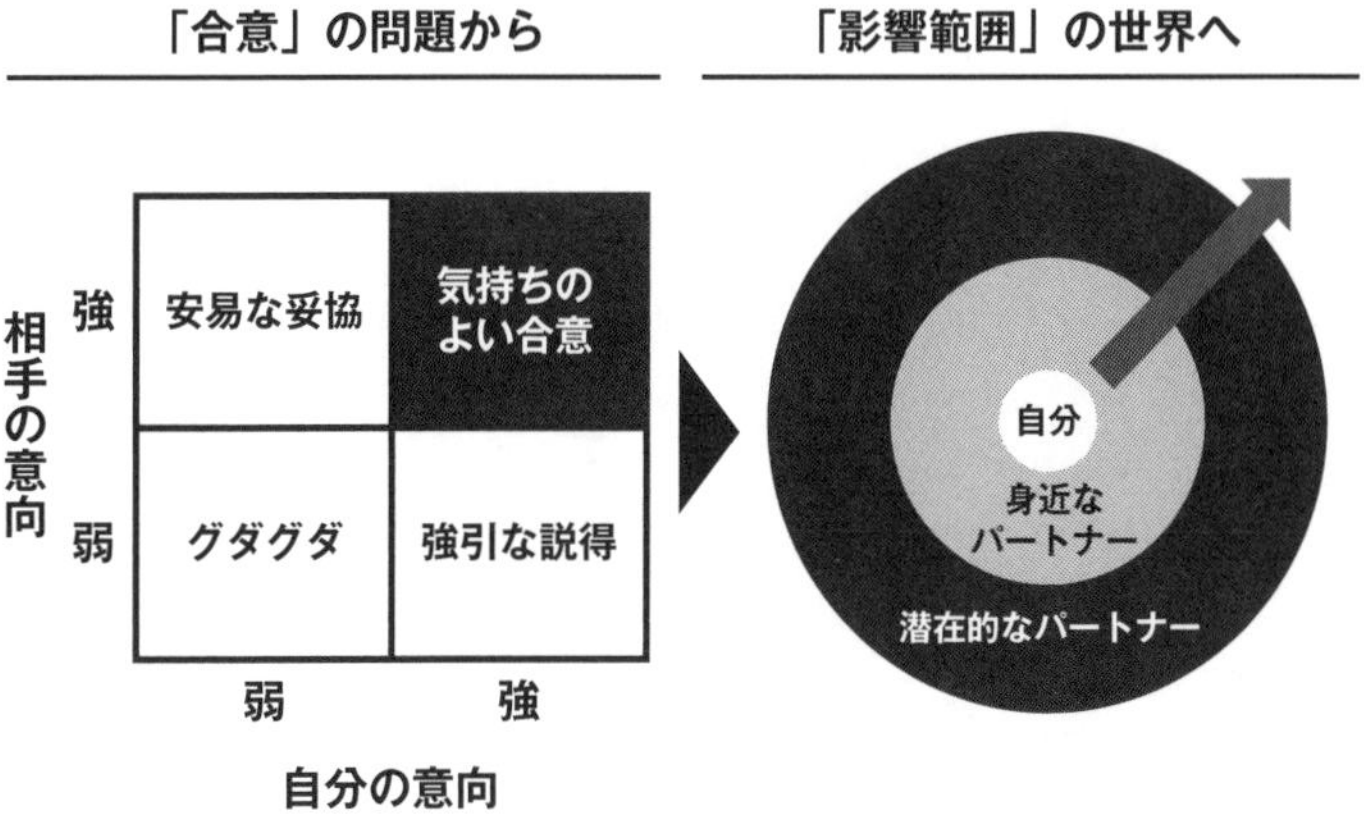
「合意」の問題から
「影響範囲」の世界へ
相手の意向
強
弱
安易な妥協
気持ちのよい合意
グダグダ
強引な説得
弱
強
自分の意向
自分
身近なパートナー
潜在的なパートナー

そうなってくると、一緒に仕事できる相手が増えていきます。気持ちよく人に動いてもらえる力があれば、**もともとの賛同者（身近なパートナー）だけでなく、当初は意見を異にしていた人（潜在的なパートナー）をも巻き込めるようになるはずです。**

「昨日の敵は今日の友」という言葉がありますが、もともと意見が合わなかった相手すら味方になってくれるくらい人を動かせれば、より大きなことにチャレンジできるのです。

周囲の人との関係が変わる

これまで私は仕事で「人に動いてもらうためのコミュニケーション」をテーマにした研修をたくさん実施してきました。

いつも研修の冒頭に「いま、仕事で困っていることはなんですか」という問いかけをするのですが、最も多く出てくるコメントのひとつに、「**そもそも、協調する意図がまったくない相手とのコミュニケーションは、どうしたらよいか**」というものがあります。

気持ちよく人に動いてもらえるようになると、共に創る関係の人が周りに増えていきます。それは、意見が異なっている人を巻き込めるだけでなく、「誰と共に創るのか」も自由に決められるようになることを意味します。周りの人たちの構成比が変わってくるということです。

いろいろな相手と日々仕事をしていれば、「あの人は一方的に結論を押し付けてくるな」と感じることもあるでしょう。しかし、あなたがより多くの人と共創できるようになれば、広い意味での交渉力が上がり、一緒に仕事する人を選べるようになるのです。

たとえば、営業職の方であれば、お客様の層がよくなります。

営業の方とお話ししていると、「私のお客様は、サービスの品質には興味がなく、ただ価格交渉をしてくるだけです」というご相談をいただきます。高圧的に値下げ要求ばかりされるだけでは、営業としての自分が消耗してしまいます。

しかし、お客様を選べるようになれば、話は変わってきます。「共に創るディスカッション」のスキルが上がれば、徐々に「付き合いたいお客様」の割合が増えてくるのです。

また、営業職でなくとも、「上司とウマが合わず、こちらの意見を聞き入れてくれない。不本意ながら、ただ指示に従うしかない」というケースについても同様です。「共に創るディスカッション」のレベルを上げていくことで、上司に対しても自分が主張できる場面が増えていき、ときにはあなた自身がリーダーシップを発揮しながら進められる仕事も生まれます。こういった場面が増えてくれば、社内での役割も変わってくるでしょう。

「共に創るディスカッション」によって、周囲との関係性も変化していくのです。

自分の内面が変わる

ハーバード大学のロバート・キーガン教授は、人間が生涯をかけてどのように成長していくのかを扱う学問領域として、「**成人発達理論**」を提唱しています。

ロバート・キーガン教授の下で学び、知性発達学者として活動している加藤洋平氏は、『組織も人も変わることができる！ なぜ部下とうまくいかないのか「自他変革」の発達心理学』（日本能率協会マネジメントセンター）の中で、左図のような段階を提示しています。

「**自己中心段階**」とは、自分の関心事項や欲求を満たすことに焦点が当てられている段階です。この段階は成人人口の約10％に見られます。この段階は、「競い争うディスカッション」で、相手を打ち負かし自分の正当性を示すことへかかりきりになっている状態です。自らの結論を相手に押し付けがちになります。

成人人口の約70％を占める「**他者依存段階**」では、自らの意思決定基準を持たず、組織や社会など他者の基準によって自分の行動を決定します。「競い争うディスカッション」で、相手や周囲が主張する「正しさ」に対して自分の意見がうまく伝えられないと、この

■ 成人の発達段階

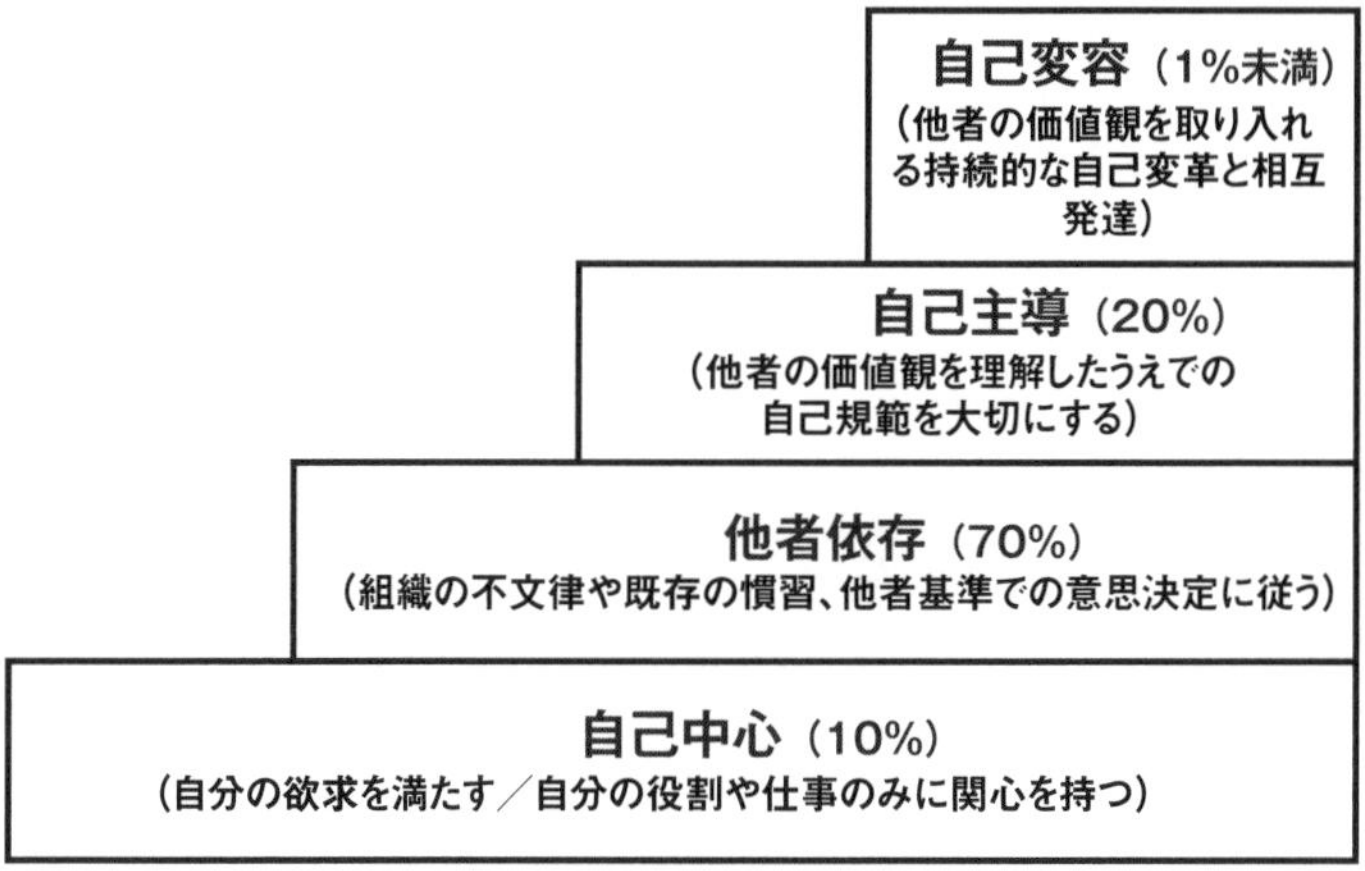
自己変容（1%未満）
（他者の価値観を取り入れる持続的な自己変革と相互発達）
自己主導（20%）
（他者の価値観を理解したうえでの自己規範を大切にする）
他者依存（70%）
（組織の不文律や既存の慣習、他者基準での意思決定に従う）
自己中心（10%）
（自分の欲求を満たす／自分の役割や仕事のみに関心を持つ）

出典：『組織も人も変わることができる！　なぜ部下とうまくいかないのか　「自他変革」の発達心理学』

状態になりやすくなります。見方を変えると、周囲に働きかけるのをあきらめた状態です。

さらに次は**「自己主導段階」**と呼ばれ、成人人口の約20％に見られます。自分なりの価値観や意思決定基準があり、自律的に行動できる層です。自分の成長に強い関心があり、自分の意思を明確に主張するという特徴があります。**「共に創るディスカッション」は、いわば、自己主導段階への入り口です。**疑問や反論を「敵」とみなすのではなく、結論の質を進化させてくれる貴重な機会と考えます。そして、壁を乗り越えた先に、共に創る関係が生まれ、一緒に仕事できる相手がどんどん広がっていくのです。
次の**「自己変容段階」**については、成人人口の1％もいません。この層は、自分の価値観や意見にとらわれることなく、多様な価値観をくみ取りながら的確に意思決定をすることができます。「成人人口の1％もいない」と言われると、これは本当に希少な割合ですが、「共に創るディスカッション」を突き詰めていった先には、こういう世界があるということです。

本書は成人発達理論の専門書ではないので、詳細の解説は関連書籍に譲りますが、人に動いてもらうコミュニケーションをするうえでは、この「段階」を見ることで、日常的に起こっていることへの理解が深まります。

人に動いてもらうときに、いきなり疑問や反論を歓迎する気持ちになることは難しいかもしれません。しかし、「共に創るディスカッション」の質を愚直に磨き上げていくことで、**他者からの突っ込みや異論をも、「みんなにとってよりよい結論をつくり上げるためのきっかけ」と見ることができるようになれば、あなた自身のリーダーシップはとても大きな範囲に及ぶようになっていく**はずです。

もちろん言うまでもなく、この「段階」は、人としての価値や「良し悪し」をラベリングするためのものではありません。よりよい未来を切り拓いていくうえで、ときどき振返って自分の立ち位置を確認するための目安として考えておきましょう。

▧ 自分をさらけ出して仕事する

本書においては、一方的に相手を論破したり説得したりするアプローチではなく、相手と共に創るディスカッションを解説してきました。

「共に創るディスカッション」では、当初持っていた自分の意向を強硬に通すことを目的としていません。必ず相手ありきで、一緒に進めていくということです。その際には、自分が予想もしていなかったような発言が出てきたり、事前準備の不十分さを露呈することになったり、あるいは突かれたくないところが明るみに出たりすることもあるかもしれません。こういった懸念を１００％防ごうとすると、自分の身を守ることばかりに一生懸命になってしまいます。

しかし、**思い切って「場」に身を委ね、自分の弱いところも含めてさらけ出したうえで、**

フラットに相手と議論するスタンスを持っていると、見える景色が違ってきます。自分の力だけで足りないところも、相手と力を合わせて到達することが当たり前になってくるのです。自分の弱さをさらけ出すのを恐れず、素直に相手と向き合えることで、自分自身も気持ちよく仕事できるようになります。

よい未来を、人と一緒につくり上げていく

「共に創るディスカッション」においては、完璧や正解を求めないことが大事です。自分だけでロジックやストーリーを完成させるのではなく、相手と一緒につくり上げていこうとすれば、当然ながら、不確実な要因や不確定要素が入り込んできます。

もし完璧を目指すとなると、不確実な要素が入ることに気持ち悪さを感じるかもしれません。いまの自分にまだ見えていない情報にアクセスすることが怖くなる瞬間もあるでしょう。また、正解を目指そうとすれば、ディスカッションの途中で自分のメモを見せたり、みんながいる場所で話の内容を整理するのを躊躇してしまうこともあるでしょう。

しかし、完璧や正解を目指すことには限界があります。この世の中で自分が知ることができる情報は常にごく一部であり、知らないことはいつも山ほどあります。どれほどストイックに完全無欠を追求しても、「自分が完璧に正しいのだ」と心の底から確信することは難しいのです。

「共に創るディスカッション」は、これで完璧、これで正解ということはありません。であれば、未完成でも、人と一緒に「よりよい」結論を求めてつくり上げていく一歩を踏み出してみませんか。そこにあるのは「**まだ見ぬ未来を人と一緒につくり上げていく喜び**」です。

おわりに

本書のタイトルは、最後の最後まで、本当に悩みました。

「気持ちよく人を動かす」と聞くと、なんだか「楽《らく》して人をコントロールする」のようなニュアンスを感じる方もいらっしゃるかもしれません。

本書を最後までお読みいただければ、「楽して人をコントロールする」本ではないことはすぐお感じになると思います。人を意のままにコントロールすることなんてできません。

あるいは、相手に「心地よく動いてもらう」という意味での「気持ちよく人を動かす」なのかな。そう解釈された方もいらっしゃるでしょう。

でも、私がお伝えしたかったのは、もっと違った「気持ちよさ」です。本書の最後に、そのことについて書きたいと思います。

「仕事は好きですか？」

もし、あなたがこのように聞かれたらどう答えますか。


私は仕事が大好きです。

大好きというか、もう、取り憑かれたように、「超大好き」です。

それはなぜか？　この感覚を、長年、うまく説明できずにいました。


仕事をしていれば、楽しいことばかりではありません。

むしろ、どちらかといえば、苦しいことのほうが圧倒的に多いです。

私自身のビジネスとしては、おかげさまで連日のお声がけをいただき、多くのお客様からのご相談やチャレンジの機会があるものの、どれもこれもがヘビーなお題です。

毎朝4時に起きると、目の前に積み重なった膨大なタスクや難題に、吐き気すら覚えます。私は「一日はワクワクから始まるぜ！」というようなキャラクターではありません。

現在、研修やコンサルティングを営む会社を経営しており、会社のメンバーに日常業務の大半を任せていますが、それでも自ら営業やセミナーの場に赴く時間をつくっています。

完全に現場を離れて、まったく手を動かさずに効率的な経営をすることもできるのでしょうが、私は現場に真実があると考えるタイプです。日常業務が問題なく回っていても、お客様に対するサービスの質をさらに上げたいですし、新しい事業もつくりたいので、ヒントを求めて、朝から晩までお客様やメンバーと一緒に考えます。

私にとって**仕事とは「人に動いてもらうこと」そのもの**です。

ただ、人に動いてもらうというのは、口で言うほど簡単ではありません。地道にコツコツやることが大半です。地べたを這いつくばうように、悶絶しながら、壁にぶつかり苦闘しています。そんな私自身の正直な感覚を言うと、「思うようにいかず歯がゆいこと」が毎日の95%です。

そんな日々の中で、5%ぐらい「嬉しいこと」があります。その5%が、とてつもない元気とエネルギーをもたらしてくれます。

私にとって嬉しい瞬間。それは、**誰かと一緒に「新しい何かが見えたとき」**です。

趣味である読書からもいろいろな発見がありますが、ひとりで本を読むことから得られる喜びに比べて、仕事での「発見」というのは、まったく違った感覚です。

私は、そうして、仕事の魅力に取り憑かれてきました。

「苦楽《くるたの》しい」という言葉があります。苦しいけど、楽しい。

私からすると、

「苦苦苦苦苦苦苦苦苦苦楽苦苦苦苦苦（中略）苦苦苦苦楽苦苦苦苦苦苦苦苦楽しい」

という感じです。

今まで5万人以上のビジネスパーソンと出会い、仕事の場面でご一緒してきました。研修やコンサルティングで寄せられる悩みのうち、最も多いのが**「人に動いてほしい場面で、思うように動いてもらえない」**ことです。

相手が上司だったり、後輩の若手社員だったり、社内の他部署だったり。あるいは、社外の相手やお客様とのコミュニケーションで、なかなか思うように動いてもらえない悩み。これは本当に、尽きないものだなと思います。

「思うように動いてもらえない」というのは、なかなか苦しいものです。

しかし、**苦しいことの先に、とんでもなく楽しいことがあります。人と一緒に壁を乗り越えた先には、素晴らしい景色が広がっています。それがたまらなく気持ちよいのです。**

この世界観をあなたと共有したくて、この本を書きました。

人に動いてもらう場面で出てくる「疑問や反論」には、誰だって、（その瞬間は）よい気分なんてしません。

でも、自分が取り組む仕事に対して、何らかの「壁」が発生するということは、自分の世界がまた広がるチャンスであり、壁を乗り越えた先には、新しい未来があります。

私はこの感覚を、自分ひとりで見出したわけではなく、これまで人生をご一緒した多くの方々から教わってきました。

本書を世に出すことができたのは、そうして「新しいものを見る」ことを共にしてきた方々のおかげです。振り返ってみると、まさに**本書は、これまで私が「共に創るディスカ**

ッション」をご一緒してきたみなさまとの共同作業です。
改めて、この場で感謝の気持ちをお伝えしたいと思います。

いつもそばにいて私を支え続けてくれている妻へ。
毎日、最高のエネルギーをくれてありがとう。壁にぶつかって悶絶しそうなときも、一緒に乗り越えてくれる家族の存在から、元気と勇気をもらっています。これからもずっと、共に新しい世界を見ていこう。

TORiX株式会社のメンバー、そしてビジネスパートナーの方々へ。
一緒に仕事できて、苦しいことも楽しいことも分かち合える仲間がいてくれて、本当に幸せです。特に、コロナ禍で大変な時期があったとき、「共に創るディスカッション」で乗り切れたのはみなさんのおかげです。毎日、本当にありがとうございます。

そして、日々「共に創るディスカッション」をご一緒させていただいているお客様の存在が、とにかくありがたく、この場を借りて心よりお礼申し上げます。なかには私の誕生日に、「高橋さんの誕生日なので、ホワイトボードを新調しておきました！」とおっしゃるユニークなお客様もいらっしゃるなど、当社は情熱的なお客様に囲まれて、毎日楽しくお仕事させていただいております。すべてのお客様のお名前を挙げて感謝することは叶いませんが、なかでも株式会社セールスフォース・ドットコム専務執行役員の千葉弘崇様とは、来る日も来る日も議論の中から刺激や発見をいただいております。本当にありがとうございます。

今回の本は、「無敗営業オンラインサロン」でみなさんとのディスカッションがあったからこそ、かたちになりました。

まず、原稿に対して、査読を通してきめ細かなフィードバックをいただいた、泉陽一さん、宇田川努さん、大堀英久さん、岡田良太郎さん、奥本耕司さん、崎川真澄さん、久野太志さん、桑原悠さん、小池俊光さん、小林毅さん、佐藤和世さん、瀬尾康一さん、帖佐征一さん、野村謙次さん、東和俊さん、細江チャーリー啓太さん、安田奈津子さん、諸岡宏一さん、ありがとうございます。

ご多用のなか、サロンイベントで一緒に議論してくださったみなさんにも、この場をお借りしてお礼申し上げます。

　青木孝一郎さん、穴澤純一さん、網野優介さん、荒井淳佑さん、新井進之介さん、石川淳一さん、市川裕也さん、井藤将輝さん、内田多美子さん、内山晴雄さん、江草嘉和さん、大木隆広さん、岡田佳奈美さん、風間聖彦さん、鹿嶋啓二さん、柏木拓夫さん、神谷紀彦さん、柄澤飛鳥さん、小園浩之さん、近藤俊さん、齋藤孝太さん、齋藤貴也さん、佐藤大介さん、三摩広行さん、島津共則さん、清水翔太さん、菅野裕一朗さん、鈴木裕基さん、曽川雅史さん、竹林義晃さん、橘彩乃さん、中原久さん、中屋一平さん、中山紘介さん、西村将之介さん、長谷彩有里さん、塙昇さん、坂東竜馬さん、廣井賢さん、宮崎友美さん、山崎青さん、山根靖弘さん、ありがとうございました。

　また、株式会社グロービスの福田亮さん、池田絵美さん、小林竜也さん、末吉涼さん、長島隆行さんには、本書の内容を検討するタイミングで、まさしく「共に創るディスカッション」をご一緒させていただきました。ご多用のなか、貴重なフィードバックと示唆をありがとうございます。

さらに、過去の勤務先でも数々の教えをいただいた先輩や同僚の皆様に、この場を借りて感謝申し上げます。ビジネスパーソン人生において、社会人1年目のときに教わった言葉をいまでも覚えているというのは、我ながら本当に幸せなことです。

この原稿をまとめるにあたっては、赤司真希子さんに何回も打ち合わせを繰り返しながら、数々の貴重なフィードバックをいただきました。西山恒玄さんにも、お忙しい合間を縫って、お力添えをいただき感謝申し上げます。

こちらには書ききれませんが、多くの知人・友人にも、内容の企画など、たくさんのお力添えをいただきました。

本書の出版社である株式会社クロスメディア・パブリッシングの土屋友香理さんには、編集者として、ずっとディスカッションをご一緒いただき、おかげさまで本書を世に出すことができました。当初の構想からここまで内容が広がり、深まったのも、土屋さんと共につくるプロセスがあったからです。重ね重ね、お礼申し上げます。

最後に、大切な読者のあなたへ。

ここまでお読みいただき、本当にありがとうございます。

文中に紹介されている図解および本書に書ききれなかった「メンバー指導」「社内外への協力依頼」「社内外との交渉」についての会話サンプル例を、読者特典としてご用意しました。詳しくは、巻末の読者特典ページをご覧ください。

お読みになってのご感想などは、私のメールアドレス（ktakahashi@torix-corp.com）やTwitter(@takahashikoichi）へ気軽にいただけますと幸いです。

この本は、壁を目の前にして、ちょっぴり足がすくみそうになりながらも、勇気を奮って壁を乗り越えたいあなたの背中を押す、そんな存在でありたいと思って書きました。

あなたにとって、素敵な未来が生まれるきっかけの一助となりましたら幸いです。

2021年8月　高橋浩一

参考文献

—— スティーブン・R・コヴィー『7つの習慣』キングベアー出版、1996年

—— ダニエル・カーネマン『ファスト&スロー』上下巻、早川書房、2014年

—— ロバート・B・チャルディーニ
『影響力の武器［第三版］:なぜ、人は動かされるのか』誠信書房、2014年

—— 高橋浩一『無敗営業「3つの質問」と「4つの力」』日経BP、2019年

—— 高橋浩一『無敗営業 チーム戦略』日経BP、2020年

—— ジョン・スチュアート・ミル『自由論』光文社、2012年

—— 加藤洋平『組織も人も変わることができる!
なぜ部下とうまくいかないのか「自他変革」の発達心理学』
日本能率協会マネジメントセンター、2016年

読者特典

本書の図表と「5つの場面」の会話サンプル

本書に掲載している図表、
および2章に書ききれなかった
「メンバー指導」「社内外への協力依頼」
「社内外との交渉」のケースにおける
会話サンプルを下記よりダウンロードいただけます。
もしくは、info@torix-corp.comへ
メールでお問い合わせください。

ダウンロードはこちら

※読者特典は予告なく終了することがございます。

【著者略歴】

高橋浩一（たかはし・こういち）

TORiX 株式会社 代表取締役。

東京大学経済学部卒業。外資系戦略コンサルティング会社を経て 25 歳で起業、企業研修のアルー株式会社に創業参画（取締役副社長）。事業と組織を統括する立場として、創業から 6 年で社員数 70 名までの成長を牽引。同社の上場に向けた事業基盤と組織体制を作る。2011 年に TORiX 株式会社を設立し、代表取締役に就任。これまで 3 万人以上の営業強化支援に携わる。コンペ 8 年間無敗の経験を基に、2019 年『無敗営業「3 つの質問」と「4 つの力」』、2020 年に続編となる『無敗営業 チーム戦略 オンラインとリアル ハイブリッドで勝つ』（ともに日経 BP）を出版、シリーズ累計 6 万部突破。2021 年『なぜか声がかかる人の習慣』（日本経済新聞出版）を出版。年間 200 回以上の講演や研修に登壇する傍ら、「無敗営業オンラインサロン」を主宰し、運営している。

TORiX 株式会社 HP
https://www.torix-corp.com/

気《き》持《も》ちよく人《ひと》を動《うご》かす

2021 年 9 月 1 日 初版発行
2021 年 11 月 1 日 第 3 刷発行

発行 **株式会社クロスメディア・パブリッシング**

発行者 小早川 幸一郎
〒151-0051 東京都渋谷区千駄ヶ谷 4-20-3 東栄神宮外苑ビル
https://www.cm-publishing.co.jp

■本の内容に関するお問い合わせ先 …………………… TEL (03)5413-3140 ／ FAX (03)5413-3141

発売 **株式会社インプレス**

〒101-0051 東京都千代田区神田神保町一丁目 105 番地

■乱丁本・落丁本などのお問い合わせ先 ……………… TEL (03)6837-5016 ／ FAX (03)6837-5023
service@impress.co.jp
（受付時間 10:00 ～ 12:00、13:00 ～ 17:00 土日・祝日を除く）
※古書店で購入されたものについてはお取り替えできません

■書店／販売店のご注文窓口
株式会社インプレス 受注センター ……………………… TEL (048)449-8040 ／ FAX (048)449-8041
株式会社インプレス 出版営業部 ………………………………………………… TEL (03)6837-4635

ブックデザイン tobufune
DTP 株式会社エヌケイクルー
校正・校閲 株式会社 RUHIA
印刷・製本 中央精版印刷株式会社
ISBN 978-4-295-40585-6 C2034